Pam Vrede

Espresso für die Seele

Was Sie anregt
und auf gute Gedanken bringt

ONCKEN

Die amerikanische Originalausgabe erschien unter dem Titel
ESPRESSO FOR A WOMAN'S SPIRIT – BOOK 2
bei Multnomah Publishers, Sisters/Oregon

Deutsch von Sabine Thum

Die Bibelzitate wurden folgenden Übersetzungen entnommen:

»Hoffnung für alle«
(Brunnen Verlag Basel und Gießen)
© 1983, 1996 by International Bible Society (Hfa)

Lutherbibel, revidierter Text 1984
durchgesehene Ausgabe in neuer Rechtschreibung,
© 1999 Deutsche Bibelgesellschaft, Stuttgart
(ohne besonderen Vermerk)

3. Auflage 2005

Umschlag: Ralf Krauß, Herrenberg
Satz: Werbe- und Verlagsgesellschaft, Grevenbroich
Druck und Bindung: Bercker, Kevelaer
ISBN 3-7893-7296-X
Bestell-Nr. 627 296

INHALT

Ein Schlückchen, um Sie in Gang zu bringen

Eine der schönen Seiten des Autorenlebens sind die Briefe, die ich von Leuten bekomme, die meine Bücher gelesen haben. Es macht mir immer wieder Mut zu erfahren, dass eine Geschichte, die ich erzählt habe, einen Menschen berührt hat. Ab und zu halte ich mir einen Abend frei und mache es mir, wenn die Kinder im Bett sind, mit einem Becher koffeinfreiem Kaffee in einem Sessel am Kamin bequem, um Leserbriefe zu lesen.

Kürzlich erhielt ich eine Rückmeldung, die mich schmunzeln ließ. Eine Frau aus dem Mittleren Westen der Vereinigten Staaten schrieb: »Liebe Frau Vredevelt, vor fünfzehn Jahren habe ich Ihr Buch *Leere Arme* gelesen. Jetzt habe ich gerade Ihr Buch *Hoffnung und Humor für geschlauchte Eltern* gelesen. Meine Güte, wie sich die Dinge mit der Zeit verändern: Früher hatten Sie leere Arme und jetzt sind Sie eine geschlauchte Mutter!« Sie hat es erfasst.

Ich nehme an, viele Bücher entstehen aus einer persönlichen Not heraus. Auch bei dem Buch, das Sie in Händen halten, ist das der Fall. Nachdem *Cappuccino für die Seele* erschienen war, bekam ich viele Briefe von Frauen, die schrieben, dass sie das Buch ihren Männern und Kindern vorlesen, und sie wollten wissen, ob es nicht einen weiteren Band geben wird. Der Moderator einer Radio-Talkshow sagte, er und seine Frau hätten die Gewohnheit, abends im Bett noch zu lesen, und beide würden sich darum streiten, wer zuerst in *Cappuccino* lesen dürfe. Ich habe zwar den Verdacht, dass er sich besonders bemühte, damit ich mich in seiner Sendung willkommen fühlte, aber es tat trotzdem gut zu hören, dass Menschen so erpicht darauf waren, etwas in die Hände zu bekommen, das ich geschrieben hatte. (Ich weiß, es ist meilenweit entfernt von dem Harry-Potter-Phänomen, das die ganze Welt erfasst hat, aber trotzdem zaubert es ein Lächeln auf mein Gesicht!)

Die Werbekampagne für *Cappuccino für die Seele* begann und es kamen weitere Anfragen. Ein Talkshow-Moderator nach dem anderen fragte mich: »Also, Frau Vredevelt, wann werden Sie ein weiteres Cappuccino-Buch schreiben?« So begann ich nachzudenken ... und dann zu träumen ... und dann zu schreiben – und *Espresso für die Seele* begann Gestalt anzunehmen.

Bei diesem Buch habe ich mich bemüht, Geschichten auszuwählen, bei denen es Ihnen warm ums Herz wird und Sie ermutigt werden. Egal, ob Sie allein stehend oder verheiratet, Angestellte oder Chefin, Studentin, Mutter oder kinderlos sind – ich glaube, dass Sie durch diese wahren Geschichten neue Energie und Kraft gewinnen werden. Wie im *Cappuccino*-Buch sind es Ereignisse aus dem Leben normaler Menschen wie du und ich, denen Gott in eindrücklicher und belebender Weise begegnet ist. Obwohl einige Namen aus Datenschutzgründen geändert wurden, schildern die Geschichten Dinge, die wirklich so geschehen sind.

Wir leben in einer Welt, die von schlechten Nachrichten nur so überquillt. Mein Ziel ist es, gute Nachrichten zu überbringen: Gott liebt Sie und kümmert sich um die Dinge – große und kleine –, die Sie wirklich betreffen. Ich möchte Sie auch daran erinnern, liebe Leserin, dass Gott mächtig am Werk ist, sowohl in dieser Welt als auch in

Ihrem Leben: an Ihrem Arbeitsplatz, in Ihrer Familie, bei Ihrem Studium, in Ihren Freundschaften, in Ihren Lebensumständen.

Auf diesem Bufett von Geschichten werden Sie Menschen kennen lernen, die in ihrem täglichen Trott entdeckt haben, dass sie sich auf heiligem Boden befanden. Gott hat sie auf wirkungsvolle und bestechende Weise aufgefangen – durch die Bibel, durch Umstände, durch Träume und durch andere Menschen. Und die Folge? Sie waren nicht mehr dieselben.

Jemand hat einmal gesagt: »Das Schwerste am Leben ist, dass es so täglich ist.« Es hört nie auf. An jedem Tag, den wir erleben, trocknen alle Arten von Stress unsere Energiereserven aus. Das Leben hat die Angewohnheit, Löcher in den Boden unserer Tasse zu schießen und uns leer zurückzulassen.

Haben Sie einen durstigen Geist? Sehnt sich Ihre Seele nach etwas, das die Dinge dieser Welt Ihnen nicht geben können? Wenn ja, dann kommen Sie mit! Lassen Sie uns zur Quelle des Lebens gehen, unsere Tasse bis zum Überfließen füllen und nach Herzenslust trinken. Jesus sagt: »Wer aber von dem Wasser trinkt, das ich ihm gebe, der wird nie wieder Durst bekommen. Dieses Wasser wird in ihm zu einer Quelle, die bis ins ewige Leben hinein fließt« (Johannes 4,14; Hfa). Auf den folgenden Seiten finden Sie viele kleine, starke Schlucke der Ermutigung, die Gottes Liebe, Freude, Barmherzigkeit und Gnade in konzentrierter Form beinhalten. Kosten Sie den vollen Geschmack!

Mit herzlichen Grüßen (und einem Espresso),

Ihre Pam Vredevelt

KAPITEL 1

Sternstunden

Jesus sagte: »Ihr dürft sicher sein: Ich bin immer und überall bei euch, bis an das Ende dieser Welt!«
Matthäus 28,20; Hfa

Ich ließ mich in den Sessel fallen, der Jimmy gegenüber stand, und legte meine Hände auf den Tisch zwischen uns. Ich hoffte, er könnte das Wunder vollbringen, aus meinen abgebrochenen Nägeln ein modisches Kunstwerk zu machen. Jimmy ist ein hervorragender Handpfleger, und an diesem speziellen Tag war die Arbeit eine Herausforderung für sein Können. Wir waren gerade von einem Rafting- und Campingurlaub in der Wildnis von Oregon zurückgekommen, und meine armen Nägel sahen – vorsichtig ausgedrückt – mitgenommen aus.

Ich treffe Jimmy seit ungefähr vier Jahren. Nein, ich sollte das anders ausdrücken, sonst hinterlasse ich noch einen falschen Eindruck: Jimmy pflegt seit vier Jahren mehrmals im Monat meine Nägel. Normalerweise reden wir in der halben Stunde, in der er meine Nägel manikürt, über Belanglosigkeiten, aber an jenem Tag sagte er etwas, das mich überraschte. Er schaute von seiner Arbeit auf und verabschiedete sich von einer Frau, die gerade hinausging. Dann drehte er sich wieder zu mir und sagte: »Diese Frau hat gerade ihr Baby verloren.«

In den vier Jahren, die ich ihn kannte, hatte er niemals

zuvor über eine andere Person im Nagelstudio eine Bemerkung gemacht.

»Sie kam vor einiger Zeit zu mir, um ihre Nägel maniküren zu lassen und war offensichtlich schwanger«, erklärte er. »Als sie das nächste Mal kam, trug sie normale Kleider.« Es stellte sich heraus, dass die Frau, als sie im vierten Monat schwanger war, mit einem Wäschekorb in der Hand auf der Treppe gestolpert und gestürzt war. Das Baby hatte den Sturz nicht überlebt.

Jimmy wusste nicht, dass ich gerade ein Buch für Frauen geschrieben hatte, die eine Fehl- oder Totgeburt erlitten hatten. *Da hat Gott seine Hände im Spiel*, dachte ich. *Wäre ich fünfzehn Minuten früher oder später zum Nagelstudio gekommen oder wäre diese Frau früher oder später aufgetaucht, hätten wir jetzt nicht dieses Gespräch.*

»Ich habe ein Buch, das ich ihr gerne zum Lesen geben würde«, sagte ich. »Wenn ich es Ihnen vorbeibringe, würden Sie es ihr bitte geben?«

Jimmy nickte. Und er hielt Wort.

Ich glaube nicht eine Sekunde, dass diese Begebenheit ein Zufall war oder einfach eine belanglose Unterhaltung. Ich glaube, Gott hat die Ereignisse so gelenkt. Er wusste, dass da eine trauernde Frau war, die Worte des Trostes und der Hoffnung brauchte, und er bereitete alles so vor, dass sie seinen Segen erfahren konnte. Hinter den schlichten Ereignissen ihres und meines Tages lag eine Absicht, ein Plan. Ich hörte später von Jimmy, dass die Frau sehr dankbar gewesen war und gleich mit dem Lesen des ersten Kapitels begonnen hatte, während ihre Nägel manikürt wurden. Dieses Erlebnis erinnerte mich an eine Bemerkung, die ich mehr als einmal von meiner Lehrerin gehört habe: »Entweder hat alles einen Sinn oder nichts hat einen Sinn.«

Dies wurde mir erneut deutlich, als ich mich am folgenden Tag mit meiner Freundin Gretchen über ihren letzten

Campingurlaub unterhielt. Mitten im Wald hatte Gott sie auf ziemlich dramatische Weise auf etwas aufmerksam gemacht. Aber lassen wir sie selbst zu Wort kommen.

Als Kind ging ich mit meiner Familie nie zelten. Meine Mutter arbeitete in einem Reisebüro, und so wohnten wir im Urlaub im Hotel. Sie brachte mir bei, wie man einen Koffer für eine lange Reise packt, indem man die Sachen eher zusammenrollt als faltet, aber ich lernte nie, wie man eine ordentliche Marschverpflegung zusammenstellt oder die notwendigen Dinge für ein Leben im Wald einpackt. Daher hatte ich eine Menge zu lernen, als mein Mann Kevin verkündete, dass er mit unserer Familie in den Sommerferien zelten wollte.

Einiges lernte ich während unserer Reisen. Natürlich bin ich im Vergleich zu anderen immer noch eine Anfängerin, aber ich weiß nun, wie wichtig es ist, Bücher, Stifte und Spiele einzupacken – für den Fall, dass es drei Tage hintereinander regnen sollte. Ich habe gelernt, dass es besser ist, nicht eine, sondern zwei Klopapierrollen mitzunehmen (wobei ich mich nicht weiter darüber auslassen möchte, wie es ist, wenn ein Kleinkind bei einer solchen Tour Durchfall hat). Und ich habe gelernt, dass eine dampfende Tasse Kaffee im Wald bei Tagesanbruch besser schmeckt als in der Küche zu Hause. Aber die eindrücklichste Lektion lernte ich, als wir in diesem Sommer in Oregon zelteten.

Obwohl wir eine schöne Zeit miteinander hatten, war ich ruhelos. Sorgen über bevorstehende Veränderungen bei meiner Arbeit ließen mir keine Ruhe. Ich arbeite Teilzeit bei einer Rechtsanwaltskanzlei, und in dieser Zeit hatte ich außergewöhnlich viele Fälle zu bearbeiten. Ich machte mir Sorgen, ob ich alle Fristen würde einhalten können, ohne dass die Qualität meiner Arbeit darunter litt, während ich gleichzeitig auch noch versuchte, mich auf meinen neuen Chef einzustellen, dessen Führungsstil sich sehr von dem seines Vorgängers unterschied. Fragen gingen mir durch den Kopf: *Werde ich in der Lage sein, mit der neuen Firmenpolitik richtig umzugehen? Kann ich meine Arbeit termingerecht schaffen, ohne meine Familie zu vernachlässigen?*

Außerdem war ich gerade mitten in den Vorbereitungen für das jährliche Frauentreffen unserer Gemeinde. Noch mehr Fragen tauchten auf: *Werden genügend Frauen kommen? Können wir ihren Bedürfnissen gerecht werden? Wird unser Spendenaufruf erfolgreich sein?*

Meine innere Anspannung wurde noch stärker, weil ich mir Sorgen um meine Kinder machte. Ich fragte mich, wie sie im Herbst in ihrer neuen Schule zurechtkommen würden. Ich hoffte, dass sie gute Lehrer bekommen würden und dass wir die zusätzliche finanzielle Belastung durch höhere Schulgebühren würden verkraften können.

Ich tat mein Bestes, um diese störenden und lästigen Gedanken zu verdrängen, aber ohne Erfolg – sie tauchten immer wieder auf.

Eines Abends saßen wir am Lagerfeuer und betrachteten die Sterne. Wir zeigten uns gegenseitig verschiedene Sternbilder, und das Fernglas wanderte von einem zum anderen, weil wir die Milchstraße besser sehen wollten. Ich entdeckte einen Stern und beobachtete, wie er vor dem samtschwarzen Hintergrund der Nacht über den Himmel flackerte.

»Ist es nicht erstaunlich, dass Gott einen Stern quer über den Himmel wandern lassen kann?«, sagte ich zu meiner Familie. Kaum hatte ich die Frage ausgesprochen, als mir der nächste Gedanke kam: *Wenn du mir zutraust, dass ich einen Stern bewegen kann, warum vertraust du mir dann nicht bei den Dingen, die dich beunruhigen?*

Ich wusste, dass Gottes Geist da zu mir sprach. *Himmlischer Vater*, betete ich, *du hast jeden dieser Sterne gemacht. Du bist Ehrfurcht gebietend und mächtig. Es tut mir Leid, dass ich mir solche Sorgen gemacht habe!*

Ich dachte noch weiter darüber nach, dass ich Gott mehr vertrauen sollte und wie leicht ich stattdessen zweifelte und dabei dem Zweifler glich, den Jakobus beschreibt: »Falls jemand von euch nicht weiß, was der Wille Gottes in einer bestimmten Sache ist, soll er um Weisheit bitten. Ihr wisst doch, wie reich Gott jeden beschenkt und wie gern er allen hilft. Also wird er auch euer Gebet erhören. Betet aber in großer Zuversicht, und zweifelt nicht; denn wer zweifelt, gleicht den Wellen im Meer, die vom Sturm hin- und hergetrieben werden« (Jakobus 1,5-6; Hfa).

Ich schloss die Augen und plötzlich kam mir ein Gedanke. *Herr, ich brauche eine Glaubensstärkung*, bekannte ich. *Könntest du mir bitte heute Abend eine Sternschnuppe zeigen*? Das Bedürfnis, meine Bitte möge erfüllt werden, war unendlich groß.

Ich kann mich nicht erinnern, Gott je um so etwas Unmittelbares und Greifbares gebeten zu haben. Meine Kühnheit überraschte mich und ich fühlte mich ein wenig schuldig, so dreist zu sein. *Herr, ich will dich nicht auf die Probe stellen. Ich muss nur erfahren, dass du für mich Wirklichkeit bist.*

Gleich nach diesem Gebet bewegte sich ein wunderschöner Stern über das Firmament. Er war anders als alle Sternschnuppen, die wir bis dahin gesehen hatten. Der Schweif sah aus wie der eines Kometen und der Stern bewegte sich so langsam über den Himmel, dass es aussah, als hinge er in der Luft. Wir standen alle reglos da und sahen gebannt, wie der strahlende Feuerball in zwei Teile zerbrach, bevor er am Horizont verschwand.

Ich stand sprachlos und fassungslos da, mein Blick noch

immer zum Himmel gerichtet. Es war schwer zu begreifen, was ich gerade erlebt hatte. Und als ob das nicht genug gewesen wäre, schossen plötzlich vor unseren Augen drei weitere Sterne über den mitternächtlichen Himmel. Die zahlreichen Urlauber auf dem ganzen Campingplatz brachen in spontanen Beifall aus.

Gottes Geist hatte zu mir gesprochen: *Gretchen, weißt du, wer ich bin? Weißt du, was ich tun kann? Was möchtest du von mir erbitten? Bitte mich. Vertraue mir.*

Seit dieser Nacht hat sich vieles für Gretchen geändert. Sie hat mehr Gottvertrauen und macht sich weniger Sorgen. Eine Reihe leuchtender Sterne lehrte sie sehr eindrücklich: Gott ist jeden Augenblick jedes Tages bei ihr, und er möchte, dass sie ihm in jeder Einzelheit ihres Lebens vertraut.

Einige Tage, nachdem sie mit ihrer Familie von der Reise zurückgekehrt war, erzählte Gretchen einer Freundin, was in dieser besonderen Nacht draußen im Wald passiert war. Ihre Freundin antwortete: »Mensch – so ein Zufall!«

Wussten Sie, dass das Wort *Zufall* in der Bibel nicht vorkommt? Der Begriff ist dem Geist Gottes fremd. Warum? Weil er ein Gott der Absicht und Ordnung ist, ein Gott, der Pläne macht und ausführt. *Nichts* in unserem Leben ist unbedeutend oder irrelevant, sondern alles ist in Gottes ewigem Plan enthalten. Gott hat einen Plan und er führt ihn inmitten unseres Alltagtrotts aus. Er ist überall greifbar nah:

- in dem geschäftigen Treiben eines Nagelstudios;
- tief im Wald unter einem mitternächtlichen Himmel;
- und bei Ihnen, wo auch immer Sie gerade in diesem Augenblick sind.

Als Jesus sagte: »Ihr dürft sicher sein: Ich bin immer bei euch«, meinte er *immer.*

Werden Sie heute nach ihm suchen?

Ein Schlückchen Hoffnung und Humor

Zwei ältere Damen fahren in einem großen Auto. Beide können kaum über das Armaturenbrett sehen. Schließlich kommen sie zu einer Kreuzung. Die Ampel steht auf Rot, aber sie fahren durch.

Ich muss mich geirrt haben, denkt die Beifahrerin. Ich hätte schwören können, dass wir bei Rot rüber gefahren sind.

Nach einigen Minuten kommen sie wieder an eine Kreuzung. Wieder ist die Ampel rot; wieder fahren sie weiter. Allmählich wird die Frau auf dem Beifahrersitz nervös und sie beschließt, bei der nächsten Kreuzung genau aufzupassen.

Auch die Ampel an der nächsten Kreuzung ist rot, und wieder fahren sie einfach weiter. Entsetzt ruft die Frau: »Mildred! Hast du nicht gemerkt, dass wir über drei rote Ampeln gefahren sind? Du hättest uns umbringen können!«

Mildred sieht ihre Freundin an und sagt: »Du meine Güte, ich sitze ja am Steuer!«

Altwerden ist nichts für Feiglinge. *Bette Davis*

Verlass dich nicht auf deine eigene Urteilskraft, sondern vertraue voll und ganz dem Herrn! Denke bei jedem Schritt an ihn; er zeigt dir den richtigen Weg und krönt dein Handeln mit Erfolg. *Sprüche 3,5-6; Hfa*

Setzt euch unermüdlich für Gottes Sache ein. Lasst euch ganz vom Heiligen Geist durchdringen, und steht Gott jeden Augenblick zur Verfügung. *Römer 12,11; Hfa*

Gott hat euch das ja zugesagt; er ist treu, und was er verspricht, das hält er auch. *1. Thessalonicher 5,24; Hfa*

Jesus Christus … selbst ist in seiner Person das Ja Gottes zu uns. *2. Korinther 1,19; Hfa*

KAPITEL 2

Etwas Zucker gefällig?

Sie ist eine würdevolle und angesehene Frau,
zuversichtlich blickt sie in die Zukunft.
Sprüche 31,25; Hfa

Wie viele von uns gleichen der Frau aus Sprüche 31, die zuversichtlich in die Zukunft blickt? Oder sind Sie eher ängstlich? Zornig? Hoffnungsvoll? Ich fürchte, viele von uns haben in der Vergangenheit böse Überraschungen erlebt und sehen daher die Zukunft – und auch die Gegenwart – mit gemischten Gefühlen.

Aber es gibt Menschen, die die Fähigkeit besitzen, nicht immer alles so ernst zu nehmen, und die die Kunst beherrschen, die lustigen Seiten des Lebens zu sehen. Zu ihnen gehören meine Freundinnen Bonnie Kopp und Connie Griffith. Sie sind eineiige Zwillinge und bewältigen ihr Leben mit ungeheuer viel Humor. Sie haben intuitiv erkannt, dass ihre Freude am Lachen eine Gabe Gottes ist, durch die das Leben spannender ist und mehr Spaß macht. Als Teenager gingen Bonnie und Connie gerne Doppelverabredungen ein und tauschten dann mitten am Abend auf der Toilette ihre Kleider. Wenn sie dann zu den

Jungen zurückkehrten und so taten, als wären sie die jeweils andere Schwester, konnten nicht einmal ihre Freunde sie auseinander halten!

Die Zwillinge sind nun in den Fünfzigern und ihr gesunder Sinn für Humor hat nicht nachgelassen, obwohl eine von ihnen eine der belastendsten Erfahrungen im Leben durchmacht, nämlich eine schwere Krankheit. Nach einem Auftritt des dynamischen Schwesternduos in der radiologischen Abteilung des Emanuel-Krankenhauses war das Personal wie ausgewechselt! Vielleicht bringt Bonnies Geschichte Sie auf einige Ideen, wie Sie schwierigen Situationen überstehen können, ohne bitter zu werden.

Nachdem bei mir Brustkrebs festgestellt worden war, erhielt ich sechs Wochen lang Bestrahlungen, und zwar fünf Tage in der Woche. Ungefähr in der Mitte der Behandlung rief meine Zwillingsschwester Connie an. Sie sagte mir, dass sie eine Verpflichtung in Indien habe und auf dem Weg dorthin vorher noch einen kurzen Besuch bei mir machen wolle. Dies war also für eine sehr lange Zeit die letzte Chance, sie zu sehen.

Die Umstände waren nicht gerade glücklich. Ich war sehr, sehr müde von der Bestrahlung und ein wenig niedergeschlagen, weil ich jeden Tag die kalte, sterile Radiologie aufsuchen musste. Die Atmosphäre dort war krankhaft feierlich; überall schien der Tod zu lauern. Die meisten Leute, die dort ein und aus gingen, wirkten wie betäubt, unsicher, ob sie leben oder sterben würden. Das Krankenhauspersonal arbeitete täglich mit sterbenden Menschen und war ziemlich abgestumpft. Jedes Mal, wenn ich zu meinem Termin kam, fand nur ein minimaler Augenkontakt statt. Die Krankenschwestern konzentrierten sich strikt auf ihre Aufgabe, in dem Bestreben, im

Zeitplan zu bleiben und die medizinische Behandlung korrekt vorzunehmen.

Am Abend, als Connie ankam, hatte ich eine Idee. Ich hatte genug von der Friedhofsatmosphäre der Radiologie. Es war Zeit, Leben auf die Station zu bringen und diesen Krankenschwestern eine gute Portion Spaß zu verabreichen. Ich heckte einen Plan aus und fragte Connie, ob sie meine Komplizin sein wollte. Normalerweise hätte sie die Gelegenheit, eine Verwechslungskomödie aufzuführen, ohne zu zögern beim Schopfe gepackt, aber dieses Mal fühlte sie sich ein wenig unbehaglich, da die Leute hier bei der Arbeit waren und wir sie gar nicht kannten. Außerdem fürchtete sie sich ein wenig davor, in dem Raum zu sein, wo bestrahlt wurde. Aber nachdem ich ihr eine Weile gut zugeredet hatte, stimmte sie widerstrebend zu.

(Bevor Sie weiter lesen, müssen Sie wissen, dass die Krankenschwestern zu Beginn der Behandlung diejenigen Stellen, die bestrahlt werden sollten, auf meiner Brust markiert hatten. Diese Markierungen können nicht entfernt werden. Jetzt lesen Sie weiter!)

Während wir am nächsten Morgen ins Krankenhaus fuhren, baten wir Gott, an diesem Ort des Todes etwas von seinem Leben und seiner Freude zu bezeugen. Als wir ankamen, waren die Krankenschwestern hinter dem Schalter beschäftigt und merkten nicht, dass statt einer Frau zwei eingetreten waren. Wir gingen direkt zum Umkleideraum, und dort gab ich Connie meinen Morgenmantel. Dann erklärte ich ihr den Ablauf der Behandlung.

»Wenn du dich umgezogen hast, gehst du in den Wartebereich und bleibst dort, bis eine Krankenschwester kommt, um dich zu holen. Sie wird dich in die Radiologie mitnehmen. Wenn du dorthin kommst, kletterst du auf den Behandlungstisch, legst dich hin und hebst den Arm über den Kopf.«

Connie spielte mit. Ich beobachtete sie vom Umkleideraum aus, nachdem ich das Licht ausgemacht und die Tür leicht angelehnt hatte. Ich wollte unbedingt sehen, wie sich unser Plan entwickelte.

Pünktlich erschien eine Krankenschwester und begrüßte Connie: »Guten Morgen. Wie geht es Ihnen heute?«

»Oh, heute Morgen war schon so viel los, ich bin ein wenig durcheinander«, antwortete Connie.

»Kommen Sie, folgen Sie mir einfach«, antwortete die Krankenschwester.

Connie kletterte auf den Behandlungstisch, legte sich hin und hob nach meinen Anweisungen den Arm über den Kopf. Aber es gab ein Problem. Was Connie als Nächstes hörte, war: »Meine Güte, Sie sind wirklich durcheinander! Sie liegen ja mit dem Kopf auf der falschen Seite des Tisches!«

Connie war wegen ihres offensichtlichen Fehlers so aufgeregt, dass ihre Hände zu zittern begannen, so dass sie kaum ihr Nachthemd für den nächsten Behandlungsschritt ausziehen konnte. Die Krankenschwester merkte das sofort und sagte: »Sie sind nicht nur durcheinander, Sie sind auch nervös!«

Connie spielte ihre Rolle weiter und sagte: »Ich weiß einfach nicht, was heute mit mir los ist. Ich bin heute irgendwie gar nicht ich selbst.«

Ich kicherte in meinem Versteck.

Als Nächstes musste die Schwester den Apparat in die richtige Position bringen, so dass er auf die Markierungen zielte. Plötzlich erstarrte sie und rief: »Die Markierungen sind weg!«

Eine andere Krankenschwester, die mehr als fünf Jahre in diesem Labor gearbeitet hatte, kam angerannt. »Das gibt es doch gar nicht!« Sie schüttelte fassungslos den Kopf.

Beide suchten sorgfältig nach den Markierungen. Sie hielten nur inne, um sich gegenseitig mit ratlosem Blick anzusehen. Währenddessen waren auch die Laboranten und Helferinnen auf das Geschehen aufmerksam geworden.

In diesem Augenblick schlenderte ich lässig aus dem Umkleideraum und sprach die Schwestern von hinten mit strenger Stimme an: »Was tun Sie denn da? Bestrahlen Sie etwa die falsche Patientin?«

Die Radiologieassistentin fiel fast in Ohnmacht und eine der Krankenschwestern schrie: »Es gibt zwei von Ihnen!« Die anderen im Labor brachen in ein solches Gelächter aus, dass sie kaum Luft bekamen.

Nachdem das Kichern abgeebbt war, tauschte ich den Platz mit Connie und natürlich waren die Markierungen genau da, wo sie auch am Vortag gewesen waren. Ich ließ die weitere Behandlung an mir vornehmen, während Connie sich wieder anzog und ins Wartezimmer setzte. Ein Mann, der auf seine Frau wartete, wollte wissen, worüber im anderen Raum gelacht worden war. Connie erzählte die Geschichte. Er fiel fast vom Stuhl vor Lachen, als seine Frau hereinkam. Dies weckte ihre Neugier und sie wollte auch eine Erklärung. Als sie hörte, was wir getan hatten, stimmte sie in unser Gelächter ein. Dann bemerkte Connie, dass dem Mann Tränen übers Gesicht liefen. Als er sich schließlich wieder fasste, umarmte er seine Frau fest und sagte mit zitternder Stimme zu Connie: »Danke! Danke, dass Sie das getan haben. Meine Frau glaubt, dass sie bald sterben wird, und dies ist das erste Mal seit drei Monaten, dass sie lacht.«

Bevor wir gingen, sagte der behandelnde Arzt zu mir: »Sie beide haben heute mehr Heilung gebracht, als es jede Bestrahlung vermag. Danke, dass Sie den Mut hatten, diese Komödie durchzuziehen und jeden hier zum Lachen zu bringen!«

Volltreffer – Mission erfüllt.

Ein Schlückchen Hoffnung und Humor

Ein Mann hatte mehrere Monate im Koma gelegen, war wieder daraus erwacht und erneut ins Koma gefallen. In all der Zeit hatte seine Frau jeden Tag an seinem Bett gesessen. Eines Tages, als er zu sich kam, machte er ihr ein Zeichen, näher zu kommen. Als sie sich neben ihn setzte, flüsterte er mit Tränen in den Augen: »Weißt du was? Du warst bei mir in all den schlechten Zeiten. Als ich den Job verlor, warst du da und hast mich unterstützt. Als mein Geschäft pleite ging, warst du da. Als ich angeschossen wurde, warst du an meiner Seite. Als wir unser Haus verloren, bist du bei mir gewesen. Als meine Gesundheit sich verschlechterte, warst du immer noch an meiner Seite. Weißt du was?«

»Was, Liebling?«, fragte sie sanft und lächelte.

»Ich glaube, du bringst mir Unglück.«

Manche Menschen stillen an der Quelle des Lebens wirklich ihren Durst. Andere gurgeln nur.

Mein Chef beklagte sich einmal bei unserer Teamsitzung, dass er zu wenig respektiert würde. Später am Morgen ging er zu einem Haushaltswarengeschäft und kaufte ein kleines Schild mit der Aufschrift: »Ich bin der Boss.« Das befestigte er dann an der Tür seines Büros.

Als er wenig später vom Mittagessen zurückkam, sah er, dass jemand eine Notiz an das Schild geklebt hatte. Sie lautete: »Ihre Frau hat angerufen – sie möchte ihr Schild zurück!«

Hinter jeder erfolgreichen Frau steht ... eine erhebliche Menge Espresso. *Julie Woodside*

Der Ausdruck »arbeitende Mutter« ist doppelt gemoppelt. *Jane Sellman*

Du salbest mein Haupt mit Öl und schenkest mir voll ein. *Psalm 23,5*

KAPITEL 3

Das Risiko lohnt sich

Deshalb, meine Kinder, lasst uns einander lieben: nicht mit leeren Worten, sondern mit tatkräftiger Liebe und in aller Aufrichtigkeit. Daran zeigt es sich, dass Jesus Christus unser Leben bestimmt. So können wir mit einem guten Gewissen vor Gott treten. Doch auch wenn unser Gewissen uns anklagt und schuldig spricht, dürfen wir darauf vertrauen, dass Gott größer ist als unser Gewissen. Er kennt uns ganz genau.
1. Johannes 3,18-20; Hfa

Seit der Geburt unseres Sohnes Nathan, der mit Down-Syndrom zur Welt kam, haben wir eine ganz neue Gruppe von Menschen kennen gelernt. Kleine Jungen und Mädchen mit speziellen körperlichen und geistigen Behinderungen und ihre Eltern sind zu einem wichtigen Bestandteil unseres Lebens geworden. Sie unterstützen uns. Sie trösten uns. Sie fordern uns heraus. Und sie lehren uns erstaunlich viel über die Liebe und das Leben.

Bei Craig und Jennifer Sax und ihrem kleinen Sohn haben wir all dies erfahren. Es schien sehr unwahrscheinlich, dass Gott ihren Sohn, der auch Nathan heißt, zu seinem Sprachrohr machen könnte, aber dieser kleine Junge hinterließ einen unauslöschlichen Eindruck im Leben der Menschen, die mit ihm in Berührung kamen, und auch in meinem Leben. Ich bin inzwischen überzeugt davon, dass das Leben eines Kindes uns genauso viel lehren kann wie das Leben eines Weisen.

Ich machte Jennifers Bekanntschaft durch meine Freundin Bonnie Kopp. Als wir eines Nachmittags bei einer Tasse Kaffee miteinander redeten, sprach Bonnie über ihre enge Freundschaft mit Jennifer und erklärte, ich müsse sie unbedingt treffen. In der nächsten Woche telefonierten Jennifer und ich miteinander und tauschten uns über die Freuden und Herausforderungen aus, ein Kind mit besonderen Bedürfnissen großzuziehen. Ich schickte ihr meine Geschichten *Engel hinter dem Schaukelstuhl*, die von unserem Nathan erzählen, und sie sandte mir einige Fotos ihres Nathan während verschiedener Entwicklungsphasen seines Lebens.

Dieser kleine Kerl könnte Werbung für Alete machen, dachte ich, während ich seine Babyfotos betrachtete. Nathan hatte runde, rosige Wangen, große blaue Augen und ein Lächeln, das das härteste Herz erweichen musste. Er war, wie die meisten Leute sagen würden, ein Bilderbuchbaby.

Aber als ich die Fotos weiter durchblätterte, spiegelten sie allmählich nicht mehr Stärke und Vitalität wider, sondern vermittelten das Bild eines schwachen, anfälligen Krabbelkindes. Mit achtzehn Monaten diagnostizierte man bei Nathan das Menkel-Syndrom, eine Stoffwechselstörung, die den Körper daran hindert, Kupfer zu absorbieren, und die zu Gehirnschwund, Krampfanfällen und zum Verlust der motorischen Kontrolle führt und das normale Körperwachstum verhindert. Nathans Eltern begriffen, dass er Zeit seines Lebens extrem schwache und zerbrechliche Knochen haben würde und dass er nie wie andere Kinder gehen, sprechen oder wachsen würde. Seine Lebenserwartung war ungewiss.

Als Jennifer und ich miteinander redeten, tauschten wir Erlebnisse aus unserem täglichen Kampf aus. Wir wussten, dass es nicht einfach war, ein Kind aufzuziehen, das eine Behinderung oder eine zum Tode führende Krankheit hatte. Es war eine zermürbende, ermüdende, schmerzliche und langfristige Aufgabe. Manchmal war es auch eine wunderbare, den Glauben stärkende und sogar freudige Erfahrung. So sprach Jennifer offen von der endlosen emotionalen Anspannung, die sie und Craig ertragen mussten, aber sie schilderte auch die Lektionen, die Gott sie durch ihren kleinen Jungen lehrte. Wenn Sie das Leuchten in ihren Augen sehen und die Leidenschaft hören könnten, mit der sie von Nathan sprachen, würden Sie spüren, dass ihr kleiner Junge etwas Heiliges in ihr Zuhause gebracht hat. Etwas Einzigartiges und Ewiges. Etwas wie ein Geschenk, nicht wie eine Last.

Eine zentrale Lektion erhielten sie, als Nathan acht Jahre alt war. Es war ein typischer Tag am Ende einer – wie es schien – sehr langen Woche. Die Arbeit war sehr anstrengend gewesen. Die Hausarbeit türmte sich. Craig und Jennifer waren zu müde um zu kochen, sondern beschlossen, dass jemand anders dies für sie besorgen sollte. Pizza klang gut. Während Jennifer die Haustür abschloss, schnallte Craig Nathan (der etwa die Größe eines achtzehnmonatigen Babys hatte) in seinem Kindersitz an, damit sie in die Stadt fahren konnten.

Der Geruch von frischgebackener Pizza wehte durch die Autofenster, als sie auf den Parkplatz rollten. Sie fanden einen Parkplatz nicht zu weit vom Eingang entfernt. Craig hielt an und wollte Nathan im Kindersitz vom Rücksitz des Autos nehmen (Nathan saß im Restaurant immer im Autositz, damit sein Körper am Esstisch genug Unterstützung hatte).

Es lief alles nach Plan, bis Nathans Fuß leicht die Rückseite des Vordersitzes streifte, als Craig ihn aus dem Wagen holte. Nathans durchdringendes Geheul bewirkte, dass alle Leute auf dem Parkplatz in ihre Richtung schauten.

Jennifer eilte zu Hilfe und die jungen Eltern verließ der Mut. Dies war ein allzu vertrautes Szenario: Der leichteste Stoß konnte Nathans Knochen brechen. Als der Arzt Nathan untersuchte, stellte er tatsächlich fest, dass der Oberschenkelknochen des linken Beines gebrochen war.

Nathan hatte ein gebrochenes Bein und Craig einen gebrochenen Geist. Er konnte sich nicht erinnern, jemals so mutlos gewesen zu sein. Zornige Fragen schossen ihm durch den Kopf: »Wie konnte ich meinem Sohn das antun? Warum muss etwas so Simples wie Pizza-essen-Gehen so kompliziert sein? Wann wird das Leben endlich nicht mehr so schwer sein?«

Jennifer versuchte Craig zu trösten, so gut es ging. Sie erinnerte ihn an den Zwischenfall, als sie Nathan vom Wohnzimmerboden aufgehoben und auf ihren Schoß gesetzt hatte. Obwohl sein Bein kaum die Seite ihres Oberschenkels berührt hatte, war es wie ein dünner Zweig gebrochen. Sie wusste, sie beide behandelten Nathans zerbrechlichen Körper mit äußerster Sorgfalt, um Verletzungen zu vermeiden, aber es gab Zeiten, in denen die Krankheit stärker war.

In den Tagen nach Nathans Beinbruch zog sich Craig zurück. Er mied Nathan, hielt sich fern aus Angst, ihn unabsichtlich wieder zu verletzen. Er hielt nicht seine Hand. Er umarmte ihn nicht. Er schaukelte ihn nicht. Kein Kontakt. Nichts.

Jeden Abend krochen Craig und Jennifer ins Bett und baten Gott um einen guten Schlaf bis zum Morgen. Aber eines Nachts sollte Craig nicht so gut schlafen. Ein lebhafter

Traum, wie er ihn noch nie erlebt hatte, störte seinen Schlaf. Ihm war sofort bewusst, dass er gestorben war und jetzt im Himmel war. Auf der Straße vor ihm stand sein Sohn. Als er Nathan erkannte, umarmten sie sich und begannen miteinander spazieren zu gehen und dabei über das Leben zu reden, das sie miteinander auf der Erde geteilt hatten.

»Nathan, wie war ich als Papa?«

»Oh, Papa, du warst spitze!« Ein Lächeln fing über Nathans Gesicht.

»Nathan, ich möchte, dass du sorgfältig darüber nachdenkst. Hätte ich irgendetwas tun können, wodurch ich ein besserer Papa gewesen wäre?«

Nathan dachte eine Weile über die Frage seines Vaters nach. »Na ja, da gibt es eine Sache.«

»Ja, mein Junge, rede ruhig weiter. Sag ganz ehrlich, was du denkst.«

»Papa, erinnerst du dich an das eine Mal, als wir zum Pizzaessen gehen wollten und du mein Bein gebrochen hast?«

Craig seufzte und antwortete: »Ja, natürlich, Nathan.«

»Papa, das war gar nicht sooo schlimm, aber ...« Er verstummte und schaute zu Boden.

»Nun sag doch, Junge!«, drängte Craig.

»Erinnerst du dich, dass du, nachdem das passiert war, aufgehört hast, mich zu berühren?«

»Ja, Nathan, ich erinnere mich daran.«

»Ich wünschte, das hättest du nicht getan.«

Genau in diesem Augenblick erwachte Craig als ein verwandelter Mann.

Er setzte sich kerzengerade im Bett auf und spulte die Szenen seines Traumes noch einmal vor seinem inneren Auge ab. Er war sich sicher, dass dies kein gewöhnlicher Traum gewesen war. Es war eine Botschaft, die ihn zum Handeln aufrief.

Er wollte Jennifer nicht aufwecken, und so schlüpfte er leise aus dem Bett und ging in Nathans Zimmer. Unendlich sanft holte er seinen kleinen Jungen unter der Bettdecke hervor, nahm ihn auf den Schoß und hielt ihn in den dunklen Stunden des frühen Morgens im Arm. Und von diesem Augenblick an erfuhr dieser kleine Junge an jedem Tag seines restlichen Lebens die liebevolle Berührung und Zärtlichkeit seines Vaters.

Es waren sechs der erfülltesten Jahre in Craigs Leben. Nathan starb an seiner Krankheit, als er vierzehn Jahre alt war. Heute würde Craig alles dafür geben, wenn er seinen Sohn wieder im Arm halten könnte. Und eines Tages wird er es tatsächlich wieder tun. Wenn seine Tage auf dieser Erde vorbei sind, wird Craig auf die andere Seite wechseln und ich denke, der kleine Nathan wird ihn begeistert erwarten. Dann wird die Zeit der ungestümen Umarmungen beginnen. Ohne Vorsicht. Ohne Vorbehalt. Ohne Hemmungen. Im Himmel gibt es keine gebrochenen Knochen. Keine zerbrochenen Beziehungen. Keine gebrochenen Herzen. Diese wunderbare Hoffnung gibt Jennifer und Craig die Kraft weiterzumachen.

Als ich mir die Geschichte dieses jungen Paares anhörte, wurde mir klar, dass ich selber dazu neige, mich zurückzuziehen, wenn in einer Beziehung etwas Schmerzliches passiert. Ich nehme an, dass ich ein Typ bin, der eher flieht anstatt zu kämpfen. Auf einmal stellte ich fest, dass ich mein Gewissen prüfte: *Pam, wer ist in deinem Leben ein »Nathan«? Gibt es irgendjemand, von dem du dich zurückgezogen hast? Dein Mann? Deine Kinder? Ein Mitarbeiter? Eine Freundin? Meidest du jemanden absichtlich, einfach weil er oder sie dich verletzt hat – oder weil du ihn oder sie verletzt hast?*

Ich erinnerte mich daran, dass gute Beziehungen viel Arbeit erfordern. Man muss Risiken eingehen, und wenn die Beziehung dauerhaft sein soll, wird es auch Verletzungen geben. Aber Rückzug ist keine Lösung.

Ich möchte hier etwas klarstellen. Manchmal ist es wichtig und notwendig, sich von Menschen zurückzuziehen, die uns gewissenlos und ohne Reue schaden. Niemand sollte je Missbrauch tolerieren. Aber normale Freundschaften durchleben Höhen und Tiefen, und manchmal verletzt man ohne Absicht die Gefühle des anderen. Manchmal sind wir so unklug eine solche Beziehung zu beenden, weil wir uns scheuen, für den Erhalt dieser Freundschaft etwas zu tun. Ich kenne selbst die Versuchung aufzugeben, statt zu versuchen, die Freundschaft wiederherzustellen. Manchmal müssen sich Freunde zwar für eine Zeit lang trennen, damit sie sich über ihre Gefühle klar werden und den Konflikt objektiver betrachten können, aber sich wegen lächerlicher Kleinigkeiten auf Dauer zurückzuziehen, tut niemandem gut. Immerhin ist das Kennzeichen unseres Glaubens die Liebe füreinander – wir sollen Vergebung und Liebe zur obersten Priorität in unseren Beziehungen machen.

Glauben Sie mir: Das Verhaltensmuster sich zurückzuziehen, verbunden mit einer unversöhnlichen Haltung, kann Beziehungen dem Erdboden gleich machen, so wie ein starker Sprengstoff ein zehnstöckiges Gebäude zerstört. Die psychologische Forschung hat immer wieder dokumentiert, dass es nicht Streit und Meinungsverschiedenheiten sind, die am Ende Ehen und Freundschaften auseinander brechen lassen – es ist das Ausweichen. Gute Beziehungen wachsen nicht in der Abwesenheit von Konflikten. Sie wachsen in der Gegenwart eines versöhnlichen Geistes. Und ein versöhnlicher Geist tut den ersten Schritt. Er nimmt Kontakt auf. Er versucht wieder gutzumachen. Er öffnet sich für Veränderung. Er geht immer wieder Risiken ein, auch wenn es schwierig ist.

Darf ich Ihnen eine einfache Frage stellen? Gibt es in Ihrem Umkreis einen Nathan? Wenn ja, warum ergreifen Sie nicht die Initiative? Warum gehen Sie nicht auf ihn zu, statt ihm den Rücken zuzukehren? Sagen Sie ihm doch ein freundliches Wort, anstatt im Schweigen zu verharren. Geben Sie ihm lieber einen freundschaftlichen Klaps auf den Rücken statt die Arme zu verschränken und sich zurückzuziehen. Gehen Sie das Risiko ein zu lieben.

Wer weiß: Ihre Berührung könnte die wichtigste sein, die er oder sie heute fühlen wird, und Sie könnten sogar ein Leben verändern.

Ich bin mir ziemlich sicher, dass der kleine Nathan meiner Meinung wäre.

Ein Schlückchen Hoffnung und Humor

Ein Augenzeugenbericht aus New York an einem kalten Dezembertag ...

Ein kleiner Junge, ungefähr acht Jahre alt, steht barfüßig auf dem Gehweg vor einem Schuhgeschäft. Er späht durch das Schaufenster und zittert vor Kälte. Eine Dame nähert sich dem Jungen und sagt: »Mein Kleiner, warum schaust du so ernst in das Schaufenster?«

»Ich habe Gott gebeten, mir ein Paar Schuhe zu geben«, antwortet der Junge. Die Dame nimmt ihn an der Hand, geht in den Laden und bittet den Angestellten, dem Jungen ein halbes Dutzend Socken zu bringen. Sie bittet auch um eine Schüssel Wasser und ein Handtuch. Er bringt alles schnell herbei.

Sie führt den Kleinen zum hinteren Teil des Ladens, zieht ihre Handschuhe aus, kniet nieder, wäscht seine kleinen Füße und trocknet sie mit einem Handtuch ab. Nachdem sie dem Jungen Socken angezogen hat, kauft sie ihm ein Paar Schuhe, verschnürt die restlichen Socken und gibt sie ihm. Sie streichelt seinen Kopf und sagt: »Da, Kleiner, fühlst du dich jetzt besser?«

Als sie sich zum Gehen wendet, ergreift der erstaunte Junge ihre Hand, schaut sie mit Tränen in den Augen an und fragt ernsthaft: »Bist du Gottes Frau?«

Jesus Christus war vor allem unser Diener. Er sprach mit denen, mit denen niemand sprach. Er aß mit den niedrigsten Gliedern der Gesellschaft. Er berührte die Unberührbaren. Er hatte keinen Thron, keine Krone, keine Diener oder bewaffneten Leibwächter. Die Krippe am Anfang seines Lebens auf dieser Erde und das Grab am Ende seines Lebens waren nur geliehen. *Chuck Colson*

Die größte Liebe beweist jemand, der sein Leben für die Freunde hingibt. *Johannes 15,13; Hfa*

KAPITEL 4

Vom Fremden zum Freund

Weil ihr von Gott auserwählt und seine geliebten Kinder seid, die zu ihm gehören, sollt ihr euch untereinander auch herzlich lieben in Barmherzigkeit, Güte, Demut, Nachsicht und Geduld.
Kolosser 3,12; Hfa

»Endlich eine Stunde Ruhe für mich«, seufzte ich erleichtert und suchte die Kirche nach einem freien Sitzplatz ab. Unser Baby Jessie zahnte und das mitternächtliche Wachen an ihrem Bett forderte seinen Tribut. Ich war müde und griesgrämig und brauchte eine Pause vom Muttersein. Nachdem ich Jessie in der Kinderbetreuung abgegeben hatte, machte ich es mir auf meinem Sitz neben John bequem; meine Seele war durstig und ich sehnte mich nach einem guten geistlichen Schluck für meine leere Tasse.

Aber er war mir nicht vergönnt. Nach zehn Minuten Musik blinkte die Zahl 103 in leuchtend roten Ziffern an der Anzeigetafel auf. Das war das Zeichen für mich, dass Jessie ihre Mama brauchte. Ich überlegte, ob ich es ignorieren sollte. Ich erwog, der Kinderbetreuung – nach der Kirche – zu erzählen: »Ich war so auf den Gottesdienst konzentriert, dass ich das Signal einfach übersehen habe.«

Aber meine Mama hatte mich gut erzogen. Ich stand so leise wie möglich auf und fand Jessie knallrot vor und aus Leibeskräften brüllend. So viel zum Thema »eine Stunde Ruhe«. Ich war zurück auf dem Schlachtfeld und lernte eine Lektion zum Thema Geduld.

Es waren wieder einmal die bösen Zähne, die versuchten durch das Zahnfleisch zu brechen. Ich holte das Zahnungsgel aus meiner Handtasche, rieb ihr Zahnfleisch damit ein und fragte mich, ob meine Kopfschmerzen verschwinden würden, wenn ich etwas von dem Zeug auf meinem Kopf verteilen würde. Einige Minuten später hatte Jessie sich beruhigt, und ich fand mich im Gespräch mit Nancy wieder, deren Baby auch zahnte. Als wir über Freude und Erschöpfung nach der Geburt plauderten, rutschten die Kinder von unserem Schoß und spielten auf dem Boden vor uns. Sie gurrten, kicherten, gluckste und schnitten lustige Gesichter. Ich bin mir nicht ganz sicher, ob es Liebe auf den ersten Blick war, aber sie hatten auf jeden Fall Spaß miteinander. Und Nancy füllte meine Tasse neu, wahrscheinlich ohne dass sie sich dessen bewusst war. Schon durch ihr ehrliches Geständnis, dass auch sie Tage hatte, an denen sie ihren Job als Mutter am liebsten kündigen würde, fühlte ich mich nicht mehr so allein. In meinem Tief an diesem Sonntag servierte mir Nancy die Portion Kaffee, die ich brauchte.

Obwohl Nancy inzwischen mehr als eine Autostunde entfernt wohnt, gehen wir ab und zu noch zusammen Essen und halten einander durch Telefon und E-Mail auf dem Laufenden. Wir machen Witze über unsere Freundschaft, die ein Stück weit auf Sparflamme brennen muss, bis wir als Seniorinnen sacht in unseren Schaukelstühlen wippen und die Stunden verplaudern werden. Keine von uns hat zum gegenwärtigen Zeitpunkt viel Zeit. Aber wahre Freundschaft akzeptiert die offensichtlichen Einschränkungen ohne Groll und berücksichtigt den natürlichen Wechsel von Ebbe und Flut in einer Beziehung.

Es gibt einige Leute auf dieser Erde, denen Gott eine Extraportion Einfühlungsvermögen für andere Menschen gegeben hat. Nancy ist eine davon. Kürzlich erzählte sie mir die bewegende Geschichte ihres Lebens als Wettkämpferin bei den Olympischen Spielen und als Sportreporterin. Ihre Geschichte zeugt von Selbstlosigkeit, Einfühlungsvermögen und den harmonischen Klängen der Freundschaft. Sie unterstreicht die Macht des Mitgefühls in einem Umfeld, in dem jeder vor allem an die Spitze kommen und die Nummer Eins sein will. Und sie offenbart, woher Nancy ihr Vorstellung von Barmherzigkeit hat: Sie hatte einen guten Lehrmeister.

Im August 1979 war ich irgendwo über dem Pazifik auf dem Weg nach Peking, um für *NBC Sports* über eines der ersten internationalen Sportereignisse zu berichten, das von China veranstaltet wurde. Ich sah meine Notizen durch und studierte die Biographien der Sportler, die teilnehmen sollten. Bücher über chinesische Geschichte und Kultur füllten mein Handgepäck. Das Land begann gerade, sich von der Kulturrevolution zu erholen, dem missglückten Versuch des Vorsitzenden Mao Tse-tung, die »Klassenunterschiede aufzuheben«. Obwohl dieses alte asiatische Land noch immer keinen internationalen Tourismus erlaubte, öffnete die Veränderung allmählich die Tür für eine westliche Präsenz. Die Aufgabe unseres Sendeteams war eine doppelte: über die Sportwettkämpfe zu berichten und die Verbindung zwischen chinesischer Kulturgeschichte und der erneuten Teilnahme bei internationalen sportlichen Wettkämpfen zu erklären.

Unser Produktionsleiter lief den Gang der Boing 747 hinunter und händigte mir die Reiseroute unserer vierzehntägigen Reise aus. Unser Zeitplan sah wenig Freizeit vor. Dies war eine einzigartige Gelegenheit und wir brauchten jede uns zur Verfügung stehende Minute, um unsere Aufgabe zu erfüllen.

Obwohl ich aus beruflichen Gründen nach Peking flog, war ich auch auf einer persönlichen Suche. Irgendwo in dieser Stadt von sieben Millionen Einwohnern hoffte ich den Mann zu finden, der mich durch eine verrückte Wendung der Ereignisse die Macht kühner Barmherzigkeit gelehrt hatte. Das Foto von ihm, das ich in meinem Koffer hatte, war etliche Jahre alt, sein Bild war durch das dünn gewordene Papier undeutlich geworden, aber ich hoffte, es würde mir helfen, Jhou Jiasheng wieder zu erkennen, falls ich ihn fand.

Sieben Jahre zuvor, nachdem ich an den Olympischen Spielen von 1972 teilgenommen hatte, war ich für die Turnmannschaft der Vereinigten Staaten für einen Wettkampf gegen ein Team der Volksrepublik China ausgewählt worden. Zu dieser Zeit waren die Chinesen mitten in der Kulturrevolution. Das Land war für Besucher von außerhalb geschlossen, und ihren Sportlern war es verboten, an internationalen Sportereignissen teilzunehmen. Seit den frühen sechziger Jahren hatten chinesische Sportler nicht mehr an internationalen Wettkämpfen teilgenommen. Als Präsident Nixon und der Vorsitzende Mao Tse-tung übereinkamen, dass ihre nationalen Turnmannschaften zu einem Wettkampf zusammentreffen durften, war dies mehr als ein internationaler Wettbewerb. Es war ein bedeutender politischer Durchbruch und ein Meilenstein in der Beziehung zwischen beiden Ländern.

Im Mai 1973 schickten die Chinesen männliche und weibliche Turnmannschaften zum Wettkampf gegen die Nationalmannschaft der USA. Das Ereignis fand im Madison Square Garden in New York statt. Ich empfand es als eine Ehre, an solch einem historischen Ereignis teilnehmen zu dürfen. Die diplomatischen Empfänge waren ein faszinierender Crashkurs über chinesisch-amerikanische Politik und wir wurden mit den besten kulinarischen Köstlichkeiten verwöhnt, die »The Big Apple« zu bieten hatte. Alle Feierlichkeiten konnten mich jedoch nicht von meinem Ziel ablenken. Als höchstqualifizierte Sportlerin unseres Teams war ich entschlossen, mit unserer Mannschaft den Sieg zu holen.

Wenn ich bei Sportveranstaltungen einen Vorteil gegenüber meinen Konkurrentinnen haben wollte, musste ich mich von meinem Gegner distanzieren – so hatte man es mir beigebracht. Ich durfte nie zulassen, dass meine Konzentration von Gefühlen gestört wurde. Mein Ziel war der Sieg. Botschafter für verbesserte Beziehungen zwischen unseren beiden Ländern zu sein, war ein nur entferntes, zweitrangiges Ziel. Und obwohl das offizielle Motto der chinesischen Mannschaft »Zuerst kommt die Freundschaft, dann erst der Wettkampf« war, können Sie sicher sein, dass ihre Trainer um jedes Zehntel eines Punktes erbittert kämpften, in der Hoffnung, das chinesische Team würde den Sieg davontragen.

Nach der ersten Disziplin führte die USA gegenüber China mit ungefähr einem Punkt. Ich war für den Mehrkampf aufgestellt. Bei der letzten Disziplin, dem Bodenturnen, waren beide Mannschaften besonders darauf erpicht, gut abzuschneiden. Ich hatte am Schwebebalken und am Stufenbarren nicht die von mir erhofften Leistungen gebracht, und dies wollte ich beim Bodenturnen wieder wettmachen.

Draußen auf der Matte nahm ich die Ausgangspose ein und wartete darauf, dass der Techniker meine aufgenommene Begleitmusik starten würde. Zu jedermanns Überraschung kam nichts aus dem Lautsprecher als Störungen und Geräusche – jedenfalls keine Musik. Ich trat von der Matte herunter in der Annahme, dass der Techniker die falsche Kassette eingelegt hatte. Da wir uns bei diesem Wettkampf mit den Männern abwechselten, rief der Ansager den nächsten männlichen Turner auf, weiterzumachen.

Nach einigen Minuten wurde ich aufgefordert, einen erneuten Versuch zu starten. Ich ging wieder auf die Matte und hörte die gleichen gedämpften Geräusche wie vorher. Ich war schon enttäuscht über meine Leistung am Barren und am Schwebebalken. Und nun dies! Da stand ich alleine in der Mitte des Madison Square Garden mit der Aussicht, mein Bodenturnen ohne Musik vorführen zu müssen, Tausende von Augen auf mich gerichtet. Das ist mit Fernsehen ohne Ton vergleichbar, und es würde mich wahrscheinlich einige wichtige Punkte kosten. Mir war klar, dass dies mein Los sein würde und der Gedanke, meine Mannschaftskameraden im Stich zu lassen, schmerzte mich. Ich schaute fragend zu meinen Eltern, die im Publikum saßen, und hoffte, dass sie eine zusätzliche Kopie meiner Musik dabei hatten. Aber das war nicht der Fall.

Der Bericht der Sportzeitung *Sports Illustrated* beschreibt die folgenden Augenblicke:

»Irgendetwas stimmte mit Nancy Thies Musik für ihre Bodenturnübung nicht. Zweimal erschien sie auf der Matte, um ihre Vorführung zu beginnen und jedes Mal gab es Störungen und Geräusche statt der aufgenommenen Musik. Schließlich, nachdem schnell hin und her gedolmetscht worden war, nahm der offiziell für Rot-China mitgereiste Pianist, ein kleiner würdevoller Mann mit Namen Jhou Jiasheng, am Keyboard Platz; und während Nancy ihre schwierigen Übungen vorführte, schaute er aufmerksam zu und improvisierte aus dem Stegreif ein Arrangement von westlicher klassischer Musik, das vollkommen zu ihren ballettartigen Bewegungen passte. Es war ein wunderbares internationales Duett. Als es vorbei war, eilte Nancy ... zu dem Pianisten und küsste den strahlenden Herrn Jhou auf die Wange, während das gesamte Publikum aufstand und jubelnd applaudierte.«[1]

Diese wenigen Minuten waren einige der bedeutendsten Momente meiner Karriere als Turnerin. Das Ergebnis des Wettkampfes war durchwachsen, den Mehrkampftitel gewann ich nicht, aber wir erhielten den Mannschaftstitel.

Nicht der Titel hat mir all diese Jahre so viel bedeutet. Es war Herrn Jhous Demonstration von Mitgefühl. Mitten in der Wettkampfsituation und trotz politischer Unterschiede beschloss Jhou Jiasheng, ein Mann aus Peking, China, eine nationale Agenda zu durchbrechen und mutig aufzustehen, um einem fünfzehnjährigen Mädchen aus Urbana, Illinois zu helfen, das dringend eine Klavierbegleitung brauchte.

Und jetzt, Jahre später, hatte ich als Rundfunkjournalistin die einzigartige Gelegenheit, seine Welt zu betreten, wie er Jahre zuvor die meine betreten hatte. Als unser Flugzeug in Peking landete, wusste ich noch nicht, was Gott für mich und Herrn Jhou geplant hatte.

Die Tage in China waren voll gestopft mit Recherchen, Produktionsmeetings, Proben und Fototerminen vor Ort. Die Abende waren gefüllt mit Empfängen und Banketts, die von Funktionären des chinesischen Radios, Sport und Politik besucht wurden. Ich befand mich in einer Welt, die sich sehr von meiner eigenen unterschied, mit faszinierenden asiatischen Traditionen und Bräuchen, die Tausende von Jahren alt waren. Als Journalistin fühlte ich mich gedrängt, so viel zu sehen und so viele Informationen und Eindrücke zu sammeln wie nur möglich.

Da ich nur wenig freie Zeit hatte, fragte ich mich, ob ich Herrn Jhou je finden würde. Aber eines Abends, nachdem ich bei einem Bankett als NBC-Reporterin vorgestellt worden war, kamen einige chinesische Trainer, die auch bei dem Sportereignis in Madison Square 1973 dabei gewesen waren, auf mich zu. Sie sprachen begeistert davon, wie Herr Jhou meine Bodenturnübung begleitet hatte und sagten mir, dass er bei dem kommenden Wettkampf für einige Turner spielen sollte. Ein Bote wurde losgeschickt, um Herrn Jhou zu uns zu bringen.

Ich werde nie den Augenblick vergessen, als Herr Jhou mit seiner Frau und seinem kleinen Sohn in die Arena kam und erneut freundschaftlich die Hände ausstreckte. Unterstützt von Dolmetschern tauschten wir Neuigkeiten über unsere Familien, unseren Beruf und die vielen Leute aus, die diesen chinesisch-amerikanischen Wettkampf von 1973 so einmalig gemacht hatten. Wir tauschten Bilder und Geschenke aus, lachten und wunderten uns, wie klein die Welt doch in diesem Augenblick schien. Für einen kurzen Moment traten Zeitpläne und Termine zugunsten der Erneuerung einer Beziehung in den Hintergrund.

Ich reiste noch zweimal nach China, während ich für NBC arbeitete, und Herr Jhou kam in die Vereinigten Staaten zu einem internationalen Wettkampf in Texas. Jedes Mal konnten wir an unsere Freundschaft anknüpfen und sie pflegen. Herr Jhou und seine Frau sprachen ehrlich über die Schwierigkeiten in ihrem Leben während der Kulturrevolution und sagten mir, dass sie liebend gern in den Vereinigten Staaten leben würden. Dann, kurz nach dem Massaker auf dem Platz des Himmlischen Friedens in Peking, wurde Herr Jhou aus geschäftlichen Gründen in die Vereinigten Staaten eingeladen. Angesichts der politischen Unruhen war das Reisen außerhalb des Landes für den Durchschnittsbürger fast unmöglich. Ich konnte ihm bei seinen Bemühungen helfen und schließlich öffneten sich für ihn die Türen, so dass er in die Vereinigten Staaten reisen konnte.

Jhous Wunsch, in den Vereinigten Staaten zu leben, wurde im Sommer 1989 erfüllt. Er, seine Frau und sein Sohn ließen sich in San Diego nieder, wo er nun Klavier unterrichtet. Vor einigen Jahren nahmen er und seine Familie eine lange ausstehende Einladung an, uns zu Hause zu besuchen. Einer der Höhepunkte des Besuchs war, als sie und unsere Freunde sich in unserem Familienzimmer vor dem Fernseher versammelten und die Videoaufnahme von dem Wettkampf in Madison Square Garden anschauten. Viele der Freunde, die an diesem Abend versammelt waren, hatten für die Familie Jhou gebetet, als sie von China nach Amerika hinüberwechselte.

Später an diesem Wochenende standen mein Mann und ich in unserem Wohnzimmer und sahen zu, wie Herr Jhou mit unserer Tochter vierhändig auf dem Klavier spielte. Ich dachte über die verschlungenen Wege nach, die diese Freundschaft genommen hatte, und was sie mich gelehrt hatte. Von Herrn Jhou lernte ich, dass eine einfache Handlung aus Mitgefühl heraus die Macht hat, unglückliche Umstände in kostbare Erinnerungen und lebenslange Freundschaft zu verwandeln. Während die Musik des vierhändigen Klavierspiels unser Wohnzimmer erfüllte, wurde mir klar, dass meine Bodenübung in Madison Square Garden mit einem sehr unschönen Ton hätte enden können – oder mit gar keinem Ton! Aber so weit kam es nicht. Das Mitgefühl dieses Mannes brachte Musik hervor und fast dreißig Jahre später setzt sich das Duett fort. Und es werden auch in Zukunft neue Strophen komponiert werden. –

Wenn ich über Nancys Geschichte nachdenke, kommt mir der Gedanke, dass es kaum eine vollkommene, oder wenigstens passende, Zeit gibt, anderen unsere Liebe und Hilfe anzubieten. Es gibt eindeutig Situationen, in denen eine Hilfeleistung aus Mitgefühl heraus nicht zu unserem eigenen Vorteil zu sein scheint. Wäre Herr Jhou sitzen geblieben und hätte er nicht angeboten, Nancy zu begleiten, hätten die Chinesen den Wettkampf gewinnen können.

In starken Konkurrenzsituationen, in denen einige Menschen nur Beziehungen aufbauen, um ihren eigenen Erfolg oder ihr persönliches Vorwärtskommen zu sichern, kann es sein, dass Handlungen der Barmherzigkeit mit Misstrauen betrachtet werden. Wir gehen das Risiko ein, dass Zyniker unsere Zeichen des Mitgefühls als manipulierende Taktik interpretieren. Einige Leute bezweifeln möglicherweise unsere Ehrlichkeit und nehmen an, dass wir verborgene Motive haben.

Dann kann es auch sein, dass unser Bemühen auf jemanden zuzugehen nicht erwidert oder sogar abgewiesen wird. Vielleicht macht man sich über unsere Freundlichkeit lustig. Nancys Geschichte unterstreicht jedoch, wie wertvoll es ist, das Risiko einzugehen und Barrieren zu durchbrechen – persönliche, kulturelle, bildungsmäßige, Barrieren zu Konkurrenten – und andere Menschen zu lieben. Es ist der Weg des Kreuzes:

»Ihr habt damals ohne Christus gelebt … ohne jede Hoffnung und ohne Gott habt ihr in dieser Welt gelebt. Aber weil Jesus am Kreuz sein Blut vergossen hat, gehört ihr jetzt zu ihm. Ihr seid ihm jetzt nahe, obwohl ihr vorher so weit von ihm entfernt lebtet. Durch Christus haben wir Frieden. Er hat Juden und Heiden in seiner Gemeinde vereint und die Mauer niedergerissen, die trennend zwischen ihnen stand. Sie sind nun sein Volk. Als er sein Leben opferte, hat er ihre Feindschaft beendet.« (Epheser 2,12-14; Hfa)

Und das ist auch der Weg zu Gottes Ehrenmedaille in Gold.

Überlegen Sie heute einmal, wer den Espresso-Kick gebrauchen könnte, den nur Sie ihm geben können, und dann werfen Sie die Kaffeemaschine an! Vielleicht muntern Sie jemanden auf, machen ihm eine Freude – oder setzen sogar eine Reihe solcher Freundschaftsgaben in Gang. Es lohnt sich immer, mit jemandem eine Tasse Barmherzigkeit zu teilen.

Ein Schlückchen Hoffnung und Humor

Wir können nicht die Taschenlampe halten, um den Weg eines anderen zu erleuchten, ohne unseren eigenen Weg hell zu machen. *Ben Sweetland*

Freundschaft verdoppelt unsere Freude und halbiert unseren Kummer.

Ich liebe den Herrn, denn er hat mich erhört, als ich zu ihm um Hilfe schrie. Ja, er hat sich zu mir herabgeneigt; mein Leben lang will ich zu ihm rufen! Wie gnädig ist der Herr! Was er verspricht, das hält er auch. Unser Gott ist voll Erbarmen! *Psalm 116,1-2+5; Hfa*

Gebt, was ihr habt, dann wird Gott euch so reich beschenken, dass ihr gar nicht alles aufnehmen könnt. Mit dem Maßstab, den ihr an andere legt, wird auch Gott euch messen. *Lukas 6,38; Hfa*

Wenn du keine Helfer hast, sieh alle Helfer in Gott. Wenn du viele Helfer hast, sieh Gott in allen Helfern. Wenn du nichts außer Gott hast, sieh alles in Gott. Wenn du alles hast, sieh Gott in allem. Unter allen Umständen soll dein Herz nur auf Gott ausgerichtet sein. *C. H. Spurgeon*

Gott erscheint, wo meine Hilflosigkeit beginnt.
Oswald Chambers

Wir sind alle Saiten im Konzert der Freude Gottes. Sein Geist schlägt den Ton und die Melodie unserer Saiten an. *Jakob Böhme*

KAPITEL 5

Klopapier vom Himmel

Aus seinem Reichtum wird euch Gott, dem ich gehöre,
durch Jesus Christus alles geben,
was ihr zum Leben braucht.
Philipper 4,19; Hfa

Wie geht es Ihnen heute? Sind Sie zufrieden mit Ihrem Leben, mit Ihrer Arbeit? Haben Sie erfüllte Beziehungen? Wenn ja, freue ich mich für Sie! Aber dieses Kapitel wird denjenigen mehr bringen, die am Ende ihrer Kräfte sind, keinen Glauben mehr haben und bereit sind, den Rückzug anzutreten.

Patty Burke, offensichtlich eine sehr lustige Frau, die eines meiner Bücher gelesen hatte, erzählte mir in einem Brief von einer solchen Zeit in ihrem Leben und davon, wie Gott ihr dabei unerwartet begegnete. Ihr Brief brachte mich zum Lachen, und jedes Mal, wenn ich im Supermarkt zum Gang mit dem Toilettenpapier komme, muss ich wieder lächeln.

Vielleicht wird Pattys Geschichte auch Sie immer wieder daran erinnern, dass Gott alles für Sie tun kann – und auch tun wird! Sie schrieb:

Liebe Frau Vredevelt,
ich habe in meinem Leben häufig erfahren, dass Gott auf geheimnisvolle und wunderbare Weise gewirkt hat. Aber mir fällt eine lustige Begebenheit ein, die, wie ich meine, Ihren Tag fröhlicher machen wird.

Vor einigen Jahren hatte ich ernste gesundheitliche Probleme, die die Ärzte nicht diagnostizieren konnten. Ich bin Krankenschwester und habe normalerweise viel Energie. Aber während dieser Phase meines Lebens war ich schwach, lethargisch, ohne Kraft und fühlte mich, als ob ich ständig Grippe hätte.

Mein Mann ist Prediger. Während der Zeit meiner Krankheit entschied er, es sei Zeit, sein Amt bei der Gemeinde, die er leitete, niederzulegen. Ich war daran gewöhnt, von einer Gemeinde zur anderen zu ziehen, aber ich machte mir Sorgen, wo wir als Nächstes landen würden.

Mein Mann fand in der Übergangszeit, bis er die nächste Predigerstelle antreten konnte, keine Arbeit, was die Situation noch verschlechterte. Ich hatte zwei Teilzeitstellen als Krankenschwester und konnte mich nicht krankschreiben lassen, da wir kein anderes Einkommen hatten. Die Belastung durch meine Krankheit und die Sorge über den bevorstehenden Umzug machten mich fertig. Aber ich hatte keine andere Wahl, ich musste weitermachen.

An einem Freitag, als gerade kein Zahltag anstand, hatte ich nur noch zwei Dollar übrig, um einzukaufen. Ich machte eine Bestandsaufnahme, um zu sehen, was wir am nötigsten brauchten. Ich hatte keinen Orangensaft mehr und nur noch eine halbe Rolle Klopapier. Ich überlegte mir, dass der Orangensaft wichtig für unsere Gesundheit sei, deshalb ging ich zum Laden, kaufte den Saft und bat Gott, das Toilettenpapier zu strecken.

Als ich am nächsten Tag zum Briefkasten ging, fand ich neben einigen Briefen ein kleines würfelförmiges Paket –

eine dieser Mustersendungen. Als ich es öffnete, fand ich darin zu meinem großen Erstaunen eine ganze Rolle Toilettenpapier! Mit offenem Mund stand ich am Briefkasten und lachte herzlich über Gottes Sinn für Humor und über seine Freundlichkeit. Wenn er sagt, dass er all unsere Bedürfnisse stillen wird, meint er wirklich *alle* Bedürfnisse – sogar die, die wir nicht so gerne erwähnen.

Gespannt fragte ich einige andere Leute in unserem Ort und in unserer Straße, ob sie auch ein Muster Toilettenpapier mit der Post erhalten hätten. Alle verneinten, außer einer anderen Frau, deren Mann auch Prediger war. Ich bin mir nicht sicher, was ich daraus schließen soll, aber so war es.

Übrigens, wie viele Leute kennen Sie, denen Toilettenpapier vom Himmel geschickt wurde?

Vergessen Sie nie: Gott kümmert sich um jede Einzelheit Ihres Lebens, auch um die dringendsten Bedürfnisse.

»Überlasst alle eure Sorgen Gott, denn er sorgt für euch« (1. Petrus 5,7; Hfa).

Ein Schlückchen Hoffnung und Humor

Am Ende eines Bewerbungsgespräches fragt der Personalchef einen jungen Ingenieur, der frisch von der Uni kommt: »Und welche Vorstellung haben Sie von Ihrem Anfangsgehalt?«

Der Ingenieur sagte: »Etwa 125 000 Dollar pro Jahr, das hängt von den Zulagen ab.«

Der Personalchef erwidert: »Nun, was halten Sie von fünf Wochen Urlaub, vierzehn Tagen Sonderurlaub, voller medizinischer und zahnmedizinischer Kostenübernahme, einem Pensionsanspruch in Höhe von 50 Prozent Ihres Gehalts und einem neuen Firmenwagen alle zwei Jahre – sagen wir einem roten Porsche?«

Der Ingenieur setzt sich kerzengerade auf und sagt: »Wow! Machen Sie Witze?«

Der Personalchef erwiederte: »Ja, aber Sie haben damit angefangen.«

Beim Beten müssen wir nicht Gottes Widerstand überwinden; wir begegnen seiner größten Bereitschaft.

Erzbischof Richard C. Trench

Wenn für Gott alle Dinge möglich sind, dann sind auch alle Dinge möglich für diejenigen, die an ihn glauben.

Corrie ten Boom

Wenn wir nur an Möglichkeiten glauben, ist das kein Glaube, sondern reine Philosophie. *Sir Thomas Browne*

Jesus sagte: »Du glaubst, weil du mich gesehen hast. Wie glücklich können erst die sein, die nicht sehen und trotzdem glauben.« *Johannes 20,29; Hfa*

KAPITEL 6

Wenn die Luft raus ist

Lasst also nicht nach in euerm Bemühen, Gutes zu tun. Es kommt eine Zeit, in der ihr eine reiche Ernte einbringen werdet. Gebt nur nicht vorher auf!
Galater 6,9; Hfa

Es war keine einzelne Person oder ein einzelnes Ereignis, die Clarks und Joys Lobgesang in dieser Weihnachtszeit zum Verstummen brachten. Es war eine Menge kleiner Dinge, die auf sie einstürzten – wie bei einem Dach, das zu viel Schnee zu tragen hat. Sie erfuhren, dass ein befreundetes Ehepaar ernstliche Eheprobleme hatte. Sie hatten drei Leute im Krankenhaus besucht und bei ihrem Schmerz mitgefühlt. Eines späten Abends war eine Freundin an Clarks und Joys Tür aufgetaucht und hatte herzzerreißend geweint. Joy hatte versucht sie zu trösten, während sie sich bemühte, etwas Klarheit in das Beziehungswirrwarr der jungen Frau zu bringen. Einige Wochen zuvor waren sie bei der Beerdigung einer Freundin gewesen, die an Krebs gestorben war. Sie war nur fünf Jahre älter gewesen als Joy.

Clark und Joy sind ein Ehepaar, das sich im Rahmen der Kirche engagiert für andere Menschen einsetzt. Clark ist

Pastor einer Baptistengemeinde in Michigan und er und Joy haben drei Kinder: Katheryn, Clark III und Callie. Normalerweise sprudeln sie vor Hilfsbereitschaft über, und Weihnachten bedeutet für sie eine besondere Gelegenheit, anderen ein Segen zu sein.

Aber dieses Mal war alles zu viel. So viel Not. So viele Anforderungen. So viele Krisen. Es wurde langsam lächerlich. Sie kamen sich allmählich vor wie eine Mehrfachsteckdose, in die zu viele Stecker eingesteckt sind, die alle ihre Energie aufbrauchen. Clark erinnert sich gut an einen entscheidenden Tag in dieser Weihnachtszeit. Er soll die Geschichte selbst erzählen.

Ich saß auf dem Sofa und sah meinen drei Kindern zu, wie sie den Weihnachtsbaum schmückten. Als sie mich fragten, ob ich ihnen helfen wolle, die Krippenfiguren aufzustellen, seufzte ich nur, lächelte gezwungen und sagte: »Dieses Jahr schaue ich euch gerne zu, wie ihr es tut. Macht nur weiter.« Selbst die Blaskapelle, die im Radio Weihnachtslieder spielte, konnte nicht verhindern, dass meine Stimmung immer trüber wurde.

Dann hörten wir ein Klopfen an der Tür. Katheryn erkannte das Geräusch des Briefkastendeckels, den der Postbote fallen ließ, und verkündete: »Wir haben Post.« Sie und Callie rannten und holten sie aus dem Briefkasten, während Clarkie die Tiere der Krippenszene aufstellte.

»Mensch, seht mal!« Katheryn hielt einen besonders farbenprächtigen, eigenhändig verzierten Umschlag hoch. Wir hatten die ganze Woche viele im Geschäft gekaufte Weihnachtskarten erhalten, aber hier hatte sich jemand echt angestrengt und ein kleines Kunstwerk geschaffen. Die Kuli- und Tintezeichnungen waren wunderschön. Und die Schrift! Es war großartig.

Ich drehte den Umschlag um, damit ich sehen konnte,

wer der kunstfertige Absender war. Die Rückseite war genauso schön verziert, dazu war der Brief mithilfe einiger bunter Sticker zugeklebt. Als ich den Namen auf der Rückseite entdeckte, hielt ich abrupt inne. Ich schaute zur Zimmerdecke empor und sagte: »Du meine Güte.«

»Was ist los?«, fragten meine Kinder. »Von wem ist sie?«

»Oh, Mann«, sagte ich, »ich hoffe nur, dass er keinen Ort braucht, wo er die Feiertage verbringen kann.«

»Wer? Wer?«, schalteten sich die Kinder ein. Ich hatte ihre Frage immer noch nicht beantwortet.

»Bertrand«, sagte ich matt.

»Was ist denn das für ein Name?«, fragte Clarkie.

Ich zog eine wunderschöne Karte aus dem Umschlag, die offensichtlich mit bunten Filzstiften handbemalt war. Bertrand war immer schon künstlerisch begabt gewesen, auch wenn er betrunken war.

»Wer ist Bertrand?«, sangen alle drei Kinder unisono.

»Hm.« Ich zögerte, starrte immer noch auf die Karte und hoffte gegen alle Hoffnung, dass er nicht bei uns auftauchen würde. »Bert Thompson ist jemand, den wir von unserer vorigen Gemeinde kennen.«

Es war keine sehr ausführliche Erklärung, aber die Kinder waren mit der Antwort zufrieden. Sie verzogen sich ins Wohnzimmer, um die Karte anzusehen, während ich in der Küche stand und zögerte, den Brief zu öffnen. Ich hatte Angst, dass unser extrem unterstützungsbedürftiger Freund erneut in unser Leben platzen würde. Ich wusste schon, wie der Brief beginnen würde: »Hatte etwas Schwierigkeiten mit dem Gesetz; brauche einen Ort, wo ich bleiben kann. Wäre es vielleicht möglich ...?« Wir hatten ganz einfach keine Energie mehr für ihn übrig. Alle anderen hatten unsere Kräfte aufgebraucht.

Ich betete leise: *Lieber Gott, vergib mir, dass ich so empfinde, aber ich weiß einfach nicht, ob ich genug Geduld und Energie habe, mich mit diesem Menschen wieder zu befassen. Gibt es sonst niemanden, der diese Aufgabe übernehmen könnte?*

Bert war einer der intelligentesten und engagiertesten Menschen, die ich kannte – wenn er nüchtern war. Er war ein Kommunikationstalent, er konnte über Philosophie ebenso reden wie über Theologie, Musik oder welches Thema auch immer. Ich erinnere mich, wie ich dachte: Was kann man an diesem Mann nicht mögen? Dann erzählte seine Frau Karen uns von seiner »anderen Seite«. Bert hatte ein Alkoholproblem, eine Tatsache, von der ich bereits wenige Wochen, nachdem ich ihm zum ersten Mal begegnet war, erfuhr.

Der Pastor und ich waren zu Karen und Bert nach Hause gefahren, um zu sehen, warum sie so verzweifelt war. Unter heftigem Schluchzen sagte sie uns: »Bertrand ist wieder betrunken nach Hause gekommen. Er hatte seinen Job gerade mal zwei Monate lang. Ich kann nicht mehr zählen, wie viele Jobs er schon verloren hat. Er kann einfach nicht trocken bleiben.«

Dieses Mal hatte Karen ihm jedoch gesagt, dass sie ihn nicht hereinlassen würde. Sie schloss ihn aus und teilte ihm mit, dass er wiederkommen könne, wenn er nüchtern sei. Es schüttelte sie am ganzen Körper, als sie sagte: »Er fand ein Stück Holz und begann, damit gegen die Hauswand zu donnern, er drohte, die Schiebeglastür einzuschlagen. Er war so außer sich – so außer sich, wie ich ihn lange nicht gesehen habe. Er sagte, er würde …« Von heftigen Schluchzern unterbrochen erklärte sie, womit er gedroht hatte. Daraufhin hatte sie die Polizei gerufen.

Als die Polizei kam, war er weg. Deshalb hatte sie uns angerufen. »Er ist irgendwo da draußen«, sagte sie. »Wahrscheinlich schläft er in der Gosse oder unter einer Brücke. Es kann sein, dass er wieder eingesperrt wird, und ich hoffe fast, dass sie es tun. Ich glaube nicht, dass ich noch mehr ertragen kann. Ich kann so nicht weiter leben.«

Dies war nur eine von vielen ähnlichen Begebenheiten. Der Pastor sorgte schließlich dafür, dass Bert für einige Monate bei einem Bauvorhaben unserer Gemeinde mitarbeiten konnte, unter der strikten Bedingung, dass er nicht trank. Die Regel lautete, dass, falls er das Grundstück betrat und auch nur ein wenig nach Alkohol roch, wir ihn nach Hause schicken würden, so schwierig und unerfreulich dies auch wäre. Konsequente Liebe ist nicht nur hart für denjenigen, der diszipliniert wird. Sie ist hart für jeden, der damit zu tun hat.

Die Vereinbarung funktionierte einige Wochen gut. Wenn Bert und ich zusammen an dem neuen Gebäude arbeiteten, hörten wir unsere Lieblingsmusik über eine Lautsprecherbox und erzählten uns gegenseitig Geschichten. Ich fing an zu glauben, dass er endlich einen Platz gefunden hatte, wo er trocken bleiben und nützlich sein konnte.

Aber dann, an einem Donnerstag, als ich als einziger Mitarbeiter der Gemeinde da war, tauchte Bert spät auf und roch stark nach Alkohol. Ich seufzte, schüttelte den Kopf und sagte: »Es tut mir Leid, Bert, aber ich fürchte, du musst gehen, mein Freund.«

»Bertrand!«, spuckte er aus und besprühte mich mit seinem Speichel: »Nenn mich nie mehr ›Bert‹!« Er versuchte, mir den Finger in die Brust zu bohren, verlor dabei aber das Gleichgewicht und griff nach dem Türpfosten, um nicht hinzufallen. »Nur meine echten Freunde nennen mich so.«

»Beruhige dich. Ich bin auch dein Freund, Bertrand«, sagte ich so ruhig wie möglich. Ich versuchte krampfhaft, nicht zu zeigen, wie nervös ich war. Er war viel größer als ich, und nachdem Karen uns seine Wutanfälle beschrieben hatte, war ich sicher, dass er mich k.o. schlagen konnte.

»Ach, ja?«, sagte er mit zusammengepressten Zähnen und blitzenden Augen. »Nun, wenn du wirklich mein Freund wärst, würdest du mich nicht rauswerfen, oder? Du weißt, dass es draußen kalt ist!«

Es hatte keinen Sinn, mit ihm zu diskutieren. Ich hatte es schon zu oft versucht, bevor ich endlich erkannte, dass man mit einem Betrunkenen nicht vernünftig reden kann. Ich beschloss, mich nicht unterkriegen zu lassen und es hinter mich zu bringen. »Du musst gehen, Bertrand«, sagte ich traurig. »Das war unsere Abmachung.«

Undeutlich artikulierte er: »Ja, richtig. Die Abmachung. Ha! Ihr und eure Abmachungen. Ihr seid alle gleich. Niemand versteht mich. Niemand. Das ist okay. Ganz in Ordnung. Wenn ihr wollt, dass ich gehe, gehe ich. Aber ihr könnt auch nicht mit mir umgehen. Niemand kann es. Niemand ist stark genug, um zu wissen, wie man mit dem alten Bertrand umgehen muss.«

Bertrand hatte die außerordentliche Fähigkeit, über andere und seine eigene bemitleidenswerte Situation die Wahrheit zu sagen, selbst wenn er stockbesoffen war. Er hatte vollkommen Recht. Ich wusste nicht, wie ich mit ihm umgehen musste. Ich hatte alles ausprobiert, was ich konnte – und noch mehr. Nichts schien zu funktionieren.

Bert spuckte noch ein paar Kommentare aus, während er das Haus verließ, und ich stieg wieder die Treppe hoch, um mich zu beruhigen und zu versuchen, noch etwas Arbeit zustande zu bringen. Später an diesem Nachmittag, als ich abschloss, sah ich, dass an der Ecktür im Erdgeschoss ein Stein platziert war. Der Stein hatte verhindert, dass die Tür ganz zufiel. Außerdem roch es nach Bier.

Ich schloss meine Augen, holte tief Luft und atmete schnell wieder aus. Bert war zurück. Die Frage war: Wo war er?

Ich ging auf die Suche und fragte mich dabei: *Wo würde ich hingehen, wenn ich von niemandem gefunden werden wollte?* Meine Augen fielen auf die Tür zum Abstellraum des Versammlungssaals. Es war ein Abstellraum, der L-förmig war und zum Ende hin niedriger wurde, da er unter eine der Treppen führte. Als ich die Tür öffnete, ließ mich der Gestank fast zurückweichen. Kein Zweifel, ich hatte ihn gefunden. Bert lag ohnmächtig unter der Treppe, neben ihm eine halbvolle Flasche in einer braunen Papiertüte.

In diesem Augenblick war ich so außer mir, dass ich ihm – wäre er bei Bewusstsein gewesen – am liebsten eine runterhauen und ihn angeschrieen hätte: »Jetzt ist endgültig Schluss, mach doch, was du willst!« Stattdessen rief ich die Polizei, da dies Teil der Vereinbarung war, die der Pastor und ich mit Bertrand getroffen hatten.

Als sie ihn wegtrugen, dachte ich: *Herr, was wird nun werden? Wir haben alles Menschenmögliche getan. Wir können nichts mehr tun. Bitte tu etwas, um diesen Kerl zu erreichen. Bitte, Herr.*

Dies war das letzte Mal, dass ich Bertrand sah. Dies war mein letzter Eindruck von ihm – seine Beine, die unter der Treppe herausragten und die stinkende Flasche in der Papiertüte neben ihm. Ich hatte die Polizei gerufen, damit sie meinen Freund entfernten. Nicht gerade eine großartige Abschiedsparty.

Deshalb fürchtete ich mich nun, den Brief zu lesen. Ich wollte nicht wissen, in welchen Schwierigkeiten er diesmal steckte. Ich fürchtete, dass er uns durch gemeinsame Freunde aufgespürt hatte. Das war immer seine Masche gewesen. Er pflegte die Geduld aller seiner anderen Freunde so lange zu strapazieren, bis sie nicht mehr konnten, und dann zu ein paar alten zurückzukehren, die ihn eine Weile nicht gesehen hatten. Ich wusste einfach, dass er wieder seine Runde machte.

Vier Jahre lang hatten wir nichts mehr von ihm gehört. Joy war genauso neugierig wie ich und spähte über meine Schulter auf den Brief. Ich las laut vor:

»Lieber Clark, liebe Joy, ich bin nun seit vierundvierzig Monaten trocken. Ich bin dabei, einen Abschluss in Biologie zu machen, so dass ich an der High School unterrichten kann. Ich kann durch meine eigene Krankheit Menschen helfen und leite eine Gruppe der Anonymen Alkoholiker in unserer Gemeinde.«

Weder Joy noch ich konnten glauben, was wir da lasen.

»Ihr sollt nur wissen, dass ich nicht vergessen habe, wie oft ihr mit mir gebetet habt und euch über meine Probleme den Kopf zerbrochen habt.«

Ich musste einen Augenblick innehalten, weil meine Stimme zu versagen drohte. Joy legte eine Hand auf meine Schulter. Ich atmete tief durch und las weiter:

»Ich weiß, ich habe euch beiden viele Schmerzen bereitet, denn ihr habt euch wirklich –«

»Oh, Liebling«, sagte ich und schämte mich für das, was ich gedacht hatte, als ich den Umschlag gesehen hatte.

»– wirklich um mich gekümmert.«

»Ist das nicht unglaublich?«, fragte Joy staunend. Ich tat mein Bestes, um den Rest des Briefes zu lesen, ohne vollkommen die Fassung zu verlieren.

»Danke für die Zeit, Mühe und Fürsorge, die ihr in mein Leben investiert habt. Auch wenn ihr es nicht gemerkt habt, als wir zum letzten Mal zusammen waren, haben sich eure Bemühungen bezahlt gemacht. Nun, eigentlich war es Gott, der das Werk vollbracht hat (aber das wisst ihr natürlich.) Trotzdem wart ihr seine Instrumente, auf denen er seine heilende Melodie spielte.«

Eine heilende Melodie. Ich schloss für einen Moment die Augen und wünschte mir, ich könnte all das Schreckliche, das ich über ihn gedacht hatte, zurücknehmen. Joy sah, dass ich mir die Augen rieb und las den Brief für mich zu Ende.

»Ich dachte, ich schreibe euch ein paar Zeilen, um euch wissen zu lassen, wie viel eure Fürsorge mir bedeutet. Mit Gottes großer Liebe und meiner dankbaren Anerkennung, Bert.«

Wir standen nur da, hielten den Brief in der Hand und schüttelten den Kopf. Kein Wort kam über unsere Lippen. Am Ende des Briefes stand ein sorgfältig geschriebener Nachsatz:

»Genießt euer Weihnachtsfest. Es ist sein Fest.«

Bert hatte Recht. Es war *sein* Fest. Trotz all der negativen Dinge, die um uns herum passierten, konnten wir nun unser Weihnachtsfest genießen.[2]

Ich bin ziemlich sicher, dass wir alle, ähnlich wie Clark, schon Tage hatten, in denen wir von der harten Realität des Lebens unsanft aus unserer Festtagsfreude aufgeschreckt wurden. Ich erinnere mich an ein Weihnachtsfest, an dem ich so von Trauer überwältigt war, dass ich keinen Weihnachtsbaum schmücken und kein einziges Geschenk einpacken wollte. Der einfache Grund ist, dass das Leben manchmal schwieriger ist, als wir es erwarten, und wir uns an Orten wieder finden, wo wir wirklich nicht sein wollen. So trauern wir. Wir zweifeln. Wir werden fast verrückt. Die Verzweiflung schlägt über uns zusammen und wir betteln durstig um einen Schluck Hoffnung oder irgendeine Bestätigung, dass alles gut werden wird.

Die schlechte Nachricht ist, dass es Zeiten gibt, wo das Leben in dieser Welt sehr, sehr hart ist. Die gute Nachricht ist, dass Gott seinen Kindern verspricht, dass alles gut werden *wird*. Er hat einen Plan für unser Leben und das unserer Lieben. Der Plan ist gut und kann nicht durch unsere Enttäuschung, Traurigkeit, Zweifel oder andere Dinge, die die

Quelle unseres Schmerzes sein mögen, vereitelt werden. Gott ist Gott, und er hat alles in der Hand.

Unsere Aufgabe ist es zu tun, was Gott von uns erwartet, und ihm dann den Rest zu überlassen. Manchmal wird er uns auffordern aufzustehen und zu reden. Ein anderes Mal wird er uns auffordern, sitzen zu bleiben und zu schweigen. Aber egal wie die Wegweisung, die er uns gibt, lauten mag – er verspricht, alles nach seinem Plan zu vollenden. »Das eine aber wissen wir: Wer Gott liebt, dem dient alles, aber auch wirklich alles zu seinem Heil; denn dazu hat Gott selbst ihn erwählt und berufen« (Römer 8,28; Hfa). Diese Verheißung ist unumstößlich …

- auch wenn wir uns durch ein Ereignis so erschöpft fühlen, dass uns »alles egal« ist;
- auch wenn wir durcheinander sind und nicht wissen, was wir als Nächstes tun sollen;
- auch wenn wir viele Fragen haben, aber wenige Antworten;
- auch wenn wir Angst haben vor dem, was vor uns liegt;
- auch wenn unser Bemühen zu helfen keine Wirkung zu haben scheint;
- auch wenn wir innerlich ausgetrocknet sind und nichts mehr zu bieten haben;
- auch für einen stadtbekannten Trinker;
- auch für dich und mich.

Die Worte des Paulus geben mir eine große Sicherheit: »Gott ist treu, durch den ihr berufen seid zur Gemeinschaft seines Sohnes Jesus Christus, unseres Herrn« (*1. Korinther 1,9*).

Das ist die Botschaft der Hoffnung, die in der Weihnachtsgeschichte verpackt ist. Es ist die ewige Wahrheit, die meinen inneren Durst stillt und meine leere Batterie wieder auflädt. Es ist der Kick, den ich brauche, um wieder in den Lobgesang einzustimmen.

Ein Schlückchen Hoffnung und Humor

Eine ältere Frau hatte gerade ihren Einkauf beendet. Als sie zu ihrem Fahrzeug zurückkam, fand sie vier Männer darin. Sie ließ ihre Einkaufstaschen fallen, zog eine Pistole und schrie, dass sie in der Lage sei, sie zu benutzen und auch nicht zögern würde, es zu tun. Dann befahl sie ihnen, aus dem Auto zu steigen. Die vier Männer ließen sich das nicht zweimal sagen, sondern stiegen aus und rannten um ihr Leben. Die Frau lud ihre Einkaufstaschen in den Kofferraum und setzte sich auf den Fahrersitz.

Doch es gab ein kleines Problem. Ihr Schlüssel passte nicht ins Zündschloss. *Ups.*

Ihr Wagen, genau das gleiche Modell, war vier oder fünf Plätze weiter geparkt. Sie lud ihre Taschen in ihr eigenes Auto, fuhr zur Polizei und erzählte dem Dienst habenden Polizeibeamten ihre Geschichte. Der Beamte platzte fast vor Lachen und zeigte auf das andere Ende des Schalters, wo vier bleiche Männer von der Autoentführung durch eine verrückte ältere Frau berichteten.

Eine Strafanzeige wurde nicht erhoben.

Die Jubilarin wurde von einem Reporter gefragt, was ihr denn am besten daran gefalle, hundertundzwei Jahre alt zu sein.

Sie antwortete: »Kein Gruppenzwang mehr.«

Unser Charakter entwickelt sich nicht bei Entspannung und Ruhe. Nur indem wir Versuchung und Leiden erfahren, kann unsere Seele gestärkt, können Vorstellungen geklärt, Ziele geweckt und Erfolge erreicht werden.

Helen Keller

Liebe Brüder! Ihr braucht nicht zu verzweifeln, wenn euer Glaube immer wieder hart auf die Probe gestellt wird. Im Gegenteil: Freut euch darüber! Denn durch solche Bewährungsproben wird euer Glaube fest und unerschütterlich. Bis zuletzt sollt ihr so unerschütterlich fest bleiben, damit ihr in jeder Beziehung zur vollen geistlichen Reife gelangt und niemand euch etwas vorwerfen kann oder etwas an euch zu bemängeln hat. *Jakobus 1,2-4; Hfa*

KAPITEL 7

Wellenreiter

So wie der Körper ohne den Geist tot ist, so ist auch der Glaube tot, wenn er ohne praktisches Handeln bleibt.
Jakobus 2,26; Hfa

Kennen Sie das Gefühl, dass sich eine Veränderung anbahnt? Haben Sie schon einmal an einer inneren Unruhe gemerkt, dass sich Ihnen eine neue Möglichkeit auftun könnte?

Ich ja. Das ist aufregend, flößt aber auch Furcht ein – das ist bei einer möglichen Veränderung immer so. Aber wenn Sie wissen, dass Gott den Anstoß dazu gegeben hat, ist die beste Entscheidung, die Sie treffen können, seiner Führung zu folgen. Wenn Gott am Steuer ist, können Sie einige haarsträubende Abenteuer und überraschende Segnungen erwarten. Die vor Ihnen liegende Straße wird einige Biegungen und Wendungen haben – unerwartet, aber spannend und sooo gut! Dr. Steve Stephens entdeckte dies auf eine sehr persönliche Weise. Lesen Sie selbst.

Die stürmischen Wellen peitschten und krachten gegen die Felsen, dabei sprühte meterhohe Gischt auf. Ich war glücklich, dass Tami und ich diesen atemberaubenden Blick von unserer gemütlichen, warmen Suite mit Blick auf den Pazifik genießen konnten. Ich lag auf dem Bett ausgestreckt, mein Kopf gestützt von drei Kissen, um das majestätisch wogende Meer unter uns besser sehen zu können. Gefesselt von den faszinierenden Bewegungen der dröhnenden Brandung schweiften meine Gedanken himmelwärts.

Herr, ich bin so dankbar für alles, was du mir gegeben hast, betete ich. *Ich habe eine wunderbare Frau, drei großartige Kinder, eine erfolgreiche Praxis als Psychologe und Gelegenheiten, zu Menschen zu sprechen. Was könnte sich ein Mann mehr wünschen?*

Dennoch war ich innerlich unruhig, fast wie die wogende Brandung vor meinen Augen. Es war ein unbestimmtes Gefühl – etwas, was ich mir selber nicht erklären konnte und anderen erst recht nicht. *Was hat diese Sehnsucht zu bedeuten?*, fragte ich mich. Plötzlich ging mir der Gedanke durch den Kopf, dass Gott noch eine andere Aufgabe für mich in dieser Welt haben könnte. *Herr, wenn du möchtest, dass ich etwas Neues für dich tun soll, dann zeig es mir einfach.*

Es war ein kurzes Gebet, schnell gesprochen und dann vergessen. Tamis Stimme unterbrach meine Gedanken. »Ist es nicht bald Zeit zu gehen?«

Tami und ich verbrachten einige Tage am Meer mit einer Gruppe von Ehepaaren, die ihre Ehe in unserem Seminar vertiefen und bereichern wollten. Ich war der Hauptredner für vier Einheiten an diesem Wochenende, und es war Zeit für den ersten Vortrag.

Die Zuhörer waren liebenswürdig. Nach dem letzten Vortrag kam eine Frau auf mich zu, sie hieß Pat. »Vielen Dank, Dr. Stephens. Wir sind sehr dankbar für das, was Sie uns gelehrt haben.«

Ich lächelte, schüttelte Pat die Hand und dankte ihr für ihre freundlichen Worte. Dann schoss sie gleich auf ihr Ziel los.

»Ich finde, Sie sollten im Radio sprechen.«

Ich dankte Pat für ihr Vertrauen, verwarf den Gedanken aber gleich wieder. Nach einem kurzen Spaziergang am Strand kehrten Tami und ich nach Hause zurück, in eine normale Woche voller Aktivitäten. Es war viel los, alles wie immer – zumindest solange, bis einige Tage später Pat anrief. Sie kam schnell auf ihr Thema zu sprechen. »Steve, ich arbeite bei einem regionalen Radiosender und ich glaube wirklich, Sie sollten etwas im Rundfunk machen«, sagte sie. »Haben Sie etwas dagegen, wenn ich mit dem Leiter des Senders spreche?«

»Ich weiß nicht ...«, antwortete ich, ein wenig erstaunt. »Ich habe gar keine Erfahrung mit Rundfunkarbeit und ich denke, damit verlasse ich vertrautes Terrain.«

Pat war freundlich, aber hartnäckig; sie war mit meinen Ausreden nicht einverstanden und machte Nägel mit Köpfen. »Lassen Sie uns ein Treffen mit dem leitenden Redakteur ausmachen!«

Ich erklärte mich einverstanden und sagte mir, dass bei ihrer Anfrage nicht viel herauskommen würde. Ein paar Tage später rief Pat wieder an. »Das Treffen findet kommenden Freitag statt!«, sagte sie begeistert. »Haben Sie darüber nachgedacht, welche Art von Radiosendung Sie gerne machen würden?«

»Eigentlich nicht«, sagte ich erstaunt. »Aber ich werde mir Gedanken machen und wir können am Freitag darüber reden.«

Am Freitag fand ich mich mit Pat und dem leitenden Redakteur des Radiosenders wieder und wir sammelten Ideen für die von ihnen vorgesehene *Dr. Steve Show.* »Die Sendung sollte an fünf Tagen in der Woche ausgestrahlt werden«, sagte der Redakteur.

Ich schluckte. Mein Arbeitstag war mit einer ganztägigen Beratungspraxis, meiner Frau und meinen drei Kindern mehr als ausgefüllt. Es schien mir unmöglich, zusätzlich an fünf Tagen in der Woche noch so eine Sache hineinzuquetschen.

»Zu welcher Tageszeit würden Sie die Sendung gerne machen?«, fragte der Chef der Radiostation.

»Ich bin nicht sicher, ob ich überhaupt eine Sendung machen möchte. Ich habe noch nie im Radio gearbeitet«, sagte ich ehrlich.

Mit überzeugendem Lächeln warf Pat ein: »Aber Sie wären großartig!«

»Wenn Sie eine Sendung machen würden, welche Zeit wäre Ihnen dann am liebsten?«, drängte der leitende Redakteur.

»Ich möchte meiner Frau und meinen Kindern keine Zeit wegnehmen, also müsste es während des Arbeitstages sein – sagen wir zwischen 11 und 13 Uhr.«

Der Chef des Radiosenders machte ein langes Gesicht und schüttelte den Kopf. Ich wusste, dass der Vorschlag nicht akzeptabel war. »Ich kann mir nicht vorstellen, dass das geht«, sagte er. »Diese Zeiten sind schon belegt und sie werden selten frei.«

»Das ist schon in Ordnung«, sagte ich, ergriffen von einer Welle der Erleichterung. »Wenn es so sein soll, wird etwas frei werden. Wenn nicht, ist das auch in Ordnung.«

Das Treffen war zu Ende. Ich schüttelte dem Redakteur herzlich die Hand und verließ die Radiostation in der Gewissheit, dass die Idee gestorben war.

Später an diesem Nachmittag klingelte das Telefon: »Hallo, Steve. Hier ist Pat. Können wir uns nächsten Freitagnachmittag noch einmal treffen?«

»Warum?«, fragte ich.

»Einige Minuten, nachdem Sie die Radiostation verlassen hatten, erhielt der leitende Redakteur der

Rundfunkstation einen Anruf von der Zentrale. Es gab einige Terminverschiebungen. Die Sendezeit um 11 Uhr ist frei.«

Tami hätte fast meinen Kinnladen vom Boden auflesen müssen. Dennoch sagte mir eine innere Stimme, dass ich auf diese Welle aufspringen und mich von ihr tragen lassen sollte.

Am nächsten Freitag fragte mich der leitende Redakteur der Radiostation: »Wann können Sie anfangen?«

Zwei Monate später war die *Dr. Steve-Show* aus der Taufe gehoben und ich befand mich auf dem Wellenritt meines Lebens.

»Dr. Steve« sendet nun schon ein Jahr lang an jedem Werktag Ermutigung, Trost und Worte der Weisheit über den Äther. Während seiner Live-Sendung beantwortet er am Telefon die Fragen, die seinen Zuhörern am Herzen liegen, und bietet praktische Hilfe und Beratung. Was für Dr. Steve zunächst ein ängstlicher Glaubensschritt war, hat sich in eine seiner bereicherndsten Erfahrungen verwandelt. Er hat die Chance, jede Woche bekannte Autoren und Seelsorger wie Kevin Lehman, Stormie Omartian und viele andere zu interviewen. Der Umgang mit ihnen hat Steve persönlich bereichert und fachlich weitergebracht, so dass er seinen Zuhörern mehr geben kann; und er hat die Gelegenheit, im ganzen Land Freundschaften aufzubauen.

Steves zusätzlicher Dienst an seinen Zuhörern ist auch eine große Quelle der Freude. Gerade letzte Woche, als er in einem Laden in einer Warteschlange vor der Kasse stand, sagte die Kassiererin: »Wissen Sie was? Ihre Stimme klingt genauso wie die von Dr. Steve im Radio.« Als sie erfuhr, dass sie tatsächlich mit Dr. Steve sprach, konnte sie nicht aufhören davon zu reden, wie wichtig diese Sendung für ihr Leben gewesen sei. Das Gleiche passierte, als er sich mit dem Friseur unterhielt, während sein Sohn die Haare geschnitten bekam. Immer wieder hört er überraschende Berichte darüber, wie Gott am Werk ist.

Offensichtlich ist Dr. Steves neues Abenteuer sowohl für ihn als auch für die Radiostation ein Gewinn. Mit der *Dr. Steve Show* und einigen verwaltungstechnischen Änderungen hat sich die finanzielle Basis der Rundfunkstation so gut entwickelt wie noch nie.

Wir wissen natürlich nicht im Voraus, wie Gott ein kurzes Gebet, das wir im Laufe eines normalen Tages still zum Himmel schicken, beantworten wird. Aber eines ist sicher: Er wird antworten. Und manchmal kommen diese Antworten ...

- in einer Weise, die wir nicht erwarten;
- in einer Weise, die menschlicher Vernunft widerspricht;
- in einer Weise, die uns von unserem vertrauten Terrain vertreibt und Bereitschaft zum Risiko erfordert;
- in einer Weise, die uns viel zu langsam oder viel zu schnell erscheint;
- in einer Weise, die unerwartet aufregende Ergebnisse zeitigt;
- in einer Weise, die zeigt, dass Gott Gott ist und wir nicht.

Gottes Führung zu folgen, kann eine aufregende Erfahrung sein. Wollen Sie Ihr Leben voll ausschöpfen? Dann machen Sie sich auf den Weg! Springen Sie mit beiden Beinen in das Meer des Glaubens. Springen Sie ins Tiefe. Bitten Sie den Heiligen Geist, dass er in Ihrem Leben zum Zug kommt. Dann – wenn das Wasser steigt und den Höhepunkt erreicht – springen Sie auf die Welle auf und paddeln Sie aus Leibeskräften.

Und wenn es Ihnen nichts ausmacht, rücken Sie ein Stück, damit für mich auch noch Platz ist!

Ich möchte das Risiko auch eingehen.

»Was kein Auge jemals sah, was kein Ohr jemals hörte und was sich kein Mensch vorstellen kann, das hält Gott für die bereit, die ihn lieben.« *1. Korinther 2,9; Hfa*

Ein Schlückchen Hoffnung und Humor

»Bittet Gott, und er wird euch geben! Sucht, und ihr werdet finden! Klopft an, dann wird euch die Tür geöffnet! Denn wer bittet, der wird bekommen. Wer sucht, der findet. Und wer anklopft, dem wird geöffnet. Wenn ein Kind seinen Vater um ein Stück Brot bittet, wird er ihm dann einen Stein geben? Wenn es um einen Fisch bittet, wird er ihm etwa eine giftige Schlange anbieten? Wenn schon ihr hartherzigen, sündigen Menschen euern Kindern Gutes gebt, wie viel mehr wird euer Vater im Himmel denen gute Gaben schenken, die ihn darum bitten?«

Matthäus 7,7-11; Hfa

Gottes Gaben lassen die besten Träume des Menschen blass aussehen. *Elizabeth Barrett Browning*

Ein Einbrecher brach eines Nachts in ein Haus ein und leuchtete mit einer Taschenlampe herum, um nach Wertsachen zu suchen. Als er einen CD-Player nahm, um ihn in seinen Rucksack zu tun, kam aus dem Dunkel eine seltsam geisterhafte Stimme: »Jesus beobachtet dich.«

Der Dieb fuhr erschrocken hoch. Zitternd schaltete er seine Taschenlampe aus. Als er eine Weile nichts mehr gehört hatte, schüttelte er den Kopf, nahm sich vor, nach seinem nächsten großen Coup einen langen Urlaub zu machen, knipste die Taschenlampe wieder an und begann, nach weiteren Wertsachen zu suchen. Gerade als er den Stecker der Stereoanlage herauszog, hörte er wieder laut und deutlich die Stimme: »Jesus beobachtet dich.«

Zu Tode erschrocken leuchtete er mit der Taschenlampe wild um sich und suchte nach dem Ursprung der Worte. Schließlich beleuchtete seine Taschenlampe in der Zimmerecke einen Papagei. »Hast du das gesagt?«, zischte er den Vogel an.

»Ja«, gab der Papagei zu und kreischte dann: »Ich versuche nur, dich zu warnen.«

Der Einbrecher entspannte sich. »Mich warnen, he? Wer denkst du eigentlich, wer du bist?«

»Ich bin Mose«, antwortete der Papagei.

»Mose«, lachte der Einbrecher: »Was für Leute nennen wohl ihren Papagei ›Mose‹?«

Der Papagei antwortete: »Die gleichen Leute, die ihren Rottweiler ›Jesus‹ nennen.«

KAPITEL 8

Große Pläne für einen kleinen Jungen

Was aber heißt Glaube? Der Glaube ist die feste Gewissheit, dass sich erfüllt, was Gott versprochen hat; er ist die tiefe Überzeugung, dass die unsichtbare Welt Gottes Wirklichkeit ist, auch wenn wir sie noch nicht sehen können.
Hebräer 11,1; Hfa

Welche Frage macht Ihnen heute zu schaffen? Welches quälende Problem zehrt an Ihrem Glauben, fordert Ihr Gebet heraus und stellt Ihr Vertrauen in Gottes Güte in Frage? Es ist nun mal eine Tatsache: Alle Menschen, auch Christen, machen unerklärlich schmerzliche Erfahrungen. Jeder Mensch, dem ich begegne, kann ohne langes Überlegen etwas über schwere Zeiten in seinem Leben erzählen. Schmerz gehört zum menschlichen Leben dazu.

Wenn wir ehrlich sind, müssen die meisten von uns zugeben, dass wir mitten in einer Krise mit unseren Fragen zu kämpfen hatten, die Gottes Gerechtigkeit und seine Gegenwart – oder seine scheinbare Abwesenheit – betrafen. Wer hat nicht schon einmal verzweifelt geschrien:

Gott, wo bist du? Wen hat noch nie düstere Enttäuschung überwältigt, wenn Gott auf Gebete nicht zu hören schien und der Himmel keine Antwort gab?

Ich gebe es nicht gerne zu, aber es gab Zeiten in meinem Leben, wo ich versucht war, das Handtuch zu werfen. Den Glauben zu bewahren schien zu schwierig, und an der Hoffnung festzuhalten fast unmöglich. Aber Gott in seiner Barmherzigkeit kannte meine Schwachheit. Er brach schließlich immer sein Schweigen und gab mir, was ich brauchte, um am Glauben festhalten zu können. Manchmal kam die Antwort durch ein Wort der Heiligen Schrift. Manchmal kam sie durch die liebevolle Tat einer Freundin. Andere Male kam sie, wenn Gott mich durch eine Reihe von Ereignissen zu einem Paradigmenwechsel, zu einer Änderung meiner Sichtweise, führte. Dann war es so, als würde er mir eine neue Brille geben, die mir die Fähigkeit verlieh, die Dinge klarer zu sehen.

Ich habe beobachtet, wie er für andere das Gleiche tat. Ich möchte Ihnen David und Karen vorstellen, die, wie du und ich, plötzlich ratlos und durcheinander waren und sich durch einen undurchdringlichen Nebel schlimmer Ereignisse tasteten und nach Lösungen suchten. Die Antworten, die sie vom Himmel erhielten, kamen auf ganz unerwartete Weise und bewirkten einen Paradigmenwechsel, der ihnen die felsenfeste Gewissheit von Gottes nie endender Liebe gab. Diese Geschichte soll Sie heute daran erinnern, dass der Himmel nie wirklich schweigt – Gott wartet nur auf den richtigen Augenblick, in dem er seine gute Lösung zu dem schlimmen Problem, dem Sie gegenüberstehen, offenbaren möchte.

Möchten wir im Voraus wissen, ob es ein Junge oder ein Mädchen wird? Dies war nur eine der Fragen, mit denen

Karen und ich uns herumschlugen, als wir in der zwanzigsten Schwangerschaftswoche zu Karens Frauenärztin zur Ultraschalluntersuchung fuhren.

Als Dr. Trivedi mit dem Sonographiegerät über den Bauch meiner Frau fuhr und das sich bewegende Baby untersuchte, vervollständigte sie ihre übliche Checkliste: zehn Finger und Zehen, Herzfunktion in Ordnung. Dann fragte sie: »Wollen Sie das Geschlecht wissen?«

»Ja«, sagten wir einstimmig. Wir hatten uns dazu entschieden, als wir auf den Parkplatz fuhren.

»Zu 95 % wird es ein Junge sein.«

Ich schaute über ihre Schulter auf den Bildschirm und fand auch, dass es ziemlich offensichtlich war.

»Aufgrund des Winkels des Objektivs und der gekörnten Oberfläche des Monitors gibt es keine absolute Sicherheit«, fügte sie hinzu. Dr. Trivedi scannte weiter nach unten, hielt alle paar Sekunden inne, um ein Bild festzuhalten. Sie maß viele der lebenswichtigen Organe des Babys und druckte für die Akten Bilder davon aus. Sie brachte schon seit zwanzig Jahren Babys zur Welt, daher war das Verfahren für die Ärztin Routine. Sie sagte uns weiter, was sie sah, während sie sich auf ihrem Hocker ein Stück weiterbewegte, um ein Bild vom Schädel des Babys zu bekommen.

Plötzlich senkte sich eine geisterhafte Stille auf den Raum. Für einige Minuten war das einzige Geräusch das Surren des Monitors und unser gedämpftes Atmen. Niemand musste uns erklären, dass etwas nicht stimmte. Ich bemühte mich zu sehen, was sie untersuchte. Der Bildschirm zeigte etwas, das aussah wie ein Babykopf von oben, nur waren beide Seiten eingefallen und hinterließen einen Umriss in der Form einer Zitrone. Ohne Zweifel unterschied es sich sehr von jedem Ultraschallbild, das wir je gesehen hatten.

»Was bedeutet das?«, platzte ich heraus.

Eine weitere Minute des Schweigens verging und man hörte nur das Surren der Apparate. Dann sagte Dr. Trivedi ruhig: »Ich möchte, dass Sie eine zweite Meinung einholen.« Obwohl wir sie drängten, ihre Vermutung zu äußern, war alles, was Dr. Trivedi sagte, dass wir die zweite Meinung bald einholen sollten. Sie gab uns den Namen und die Telefonnummer eines Radiologen an der Universität von Washington.

Dort, in einem sterilen Krankenhauszimmer, erfuhren wir, dass unser zweites Kind mit *spina bifida*, Arnold-Chiari-Syndrom und *hydrocephalus* zur Welt kommen würde. Als wir Spezialisten vom Kinderkrankenhaus gegenüber saßen, traf uns die volle Bedeutung dieser Diagnose wie ein Hammerschlag.

Spina bifida ist eine Missbildung, bei der die Wirbelsäule sich nicht um das Rückenmark schließt. Der Schweregrad kann von einem Wirbel bis zum größten Teil des Rückenmarks, das frei liegt, reichen. Dies bedeutet, das Rückenmark ist ungeschützt, bis das Baby geboren wird und operiert werden kann: der Mangel an Schutz verursacht schwerwiegende und dauerhafte Schäden an diesen lebenswichtigen Nervenbahnen. Noch vor einigen Jahrzehnten überlebten die meisten Kinder mit dieser Fehlbildung nicht das Kindesalter. Obwohl die moderne Medizin die Überlebenschancen dieser Kinder wesentlich verbessert hat, sind die meisten auf einen Rollstuhl angewiesen.

Das Arnold-Chiari-Syndrom geht oft mit *spina bifida* einher. Das strapazierte Rückenmark zieht das Gehirn zur Rückseite des Schädels und in den Spinalkanal. *Hydrocephalus* ist ein Fachbegriff für Wasser im Gehirn. Die veränderte Entwicklung des zentralen Nervensystems ist der Grund dafür, dass sich in Hohlräumen um die Kammern, die man als Gehirn bezeichnet, Flüssigkeit ansammelt. Die

Kammern drücken den Schädel dann nach außen und vergrößern den Kopf. Wird dem nicht Einhalt geboten, führt dieser Zustand zum Tode.

Auf den Originalfotos war ein Drittel des Gehirns unseres Kindes für die Ärzte, die den Ultraschall analysierten, nicht sichtbar. Sie warnten uns sofort, dass unser Baby möglicherweise die verbleibenden vier Monate bis zum Geburtstermin nicht überleben würde. Jede der drei Krankheiten genügte, um es zu töten; zusammen waren sie eine brisante Mischung von verheerenden körperlichen und geistigen Beeinträchtigungen.

Wir fuhren heim und wanderten in einer Art Schockzustand durchs Haus. Als das betäubende Gefühl wich, begannen wir, alle verfügbare Literatur zu durchforsten, um zu erfahren, was wir während der Entwicklungsstadien unseres Sohnes zu erwarten hatten. Obwohl die Informationen hilfreich waren, gaben sie keine Antwort auf einige der tiefer liegenden Fragen, die mich quälten.

Warum ließ Gott das zu? Wenn er wirklich alles in der Hand hatte, warum hatte er das nicht verhindert? Was hatte die Bibel über unseren ungeborenen Sohn zu sagen? Gab es Geschichten in der Heiligen Schrift über Kinder mit schweren Krankheiten? Wir wussten, dass unser Kind unbeschreibliches Leid zu ertragen haben würde. Warum sollten wir dann wollen und zulassen, dass es in diese Welt hineingeboren wurde? Würden Karen und ich die Kraft haben, das zu tragen, was die Geburt eines schwer behinderten Kindes mit sich brachte?

Ich schaltete meinen Computer an und klickte im Internet eine Website an, die das ganze Alte und Neue Testament enthielt. Dort konnte ich die Bibel nach jedem Wort oder Ausdruck in verschiedenen Versionen durchsuchen. Ich tippte »spina bifida« ein. Keine Einträge. »Angeborene Behinderungen.« Keine Einträge. Schließlich tippte ich »Geburt« ein. Da fand ich etwas: »Und Jesus ging vorüber und sah einen, der blind geboren war« (Johannes 9,1). Eine angeborene Behinderung in der Bibel.

Jesus bemerkte nicht nur den Zustand des Mannes, seine Jünger hatten auch den Mut, ihn nach dem Grund der Krankheit zu fragen. Der Abschnitt ging so weiter: »Und seine Jünger fragten ihn und sprachen: ›Meister, wer hat gesündigt, dieser oder seine Eltern, dass er blind geboren ist?‹« (Vers 2).

»Jesus antwortete: ›Es hat weder dieser gesündigt noch seine Eltern, sondern es sollen die Werke Gottes offenbar werden an ihm‹« (Vers 3).

Die Werke Gottes? Ich war immer noch verwirrt. Eine Fußnote erklärte, eine wörtlichere Übersetzung dieses Ausdrucks sei »die Herrlichkeit Gottes«.

Wie konnte eine schwere Behinderung Gottes Herrlichkeit offenbaren? Wie würde ein an den Rollstuhl gefesseltes Leben seine Werke offenbar machen? Ich fand keine logischen Antworten.

Wenn mein Sohn ein Heilmittel für eine Form von Krebs oder AIDS oder Multiple Sklerose oder auch *spina bifida* finden und Gott die Ehre dafür geben würde, das ergäbe einen Sinn. Wenn er sich einen Weg ausdenken würde, wie man die Verteilung der Lebensmittel über die ganze Welt neu organisieren könnte, um den Hunger zu lindern ..., wenn er die Gabe hätte, Menschen durch seine große musikalische Begabung anzurühren ..., wenn er erfolgreich an das moralische Gewissen eines Staates oder einer Nation appellierte ... ja, dann könnte ich sehen, wie Gott verherrlicht wird.

Aber dass sein Kopf ungleichmäßig wachsen würde bis sein Gehirn anschwoll und ihn schließlich tötete; dass sein Rückenmark neun Monate ungeschützt war, bei jeder Bewegung einem Hagel von Schlägen ausgesetzt – das ergab für mich keinen Sinn. Ich konnte es nicht akzeptieren.

Ich musste etliche Tage warten, bis ich meine Antwort bekam. In der folgenden Woche reisten meine Frau, meine Tochter und ich in meine Heimatstadt, um Weihnachten zu feiern. Die freien Tage waren eine willkommene Abwechslung nach den fortwährenden Arztbesuchen, die in den normalen Arbeitsalltag hineingezwängt werden mussten.

Ich mochte die ländliche Gegend dort sehr. Sie schien Welten entfernt von dem geschäftigen Treiben der Stadt mit ihrem dichten Verkehr, Lärm und Gestank. Hier, inmitten des Flickenteppichs von grünen Feldern, die die Viehweiden umgaben, überkam mich ein Friede, der mich zur Ruhe brachte und meinen Geist so klar machte, wie es der blaue Himmel über mir war.

Meine Familie ging zu einer mittelgroßen Gemeinde in der Mitte des Ortes. Meine Eltern waren dort schon Mitglieder gewesen, als ich zwei Jahre alt war. Die Gemeinde hatte einen Vollzeitpastor, eine Teilzeitsekretärin und einen Küster. Wir hatten einen Chor, eine Sonntagsschule, eine Jugendgruppe und in früheren Jahren einen zweiten Chor. Jedes Jahr zu Weihnachten veranstaltete die Gemeinde eine phantastische musikalische Aufführung. Obwohl viele Kirchen in den letzten Jahrzehnten Neuerungen eingeführt hatten, waren unsere Traditionen ziemlich unverändert geblieben.

Als die Orgel spielte, schlüpften meine Frau und ich in eine Kirchenbank im hinteren Drittel. Ich zog das alte Gesangbuch heraus, obwohl das Lied eines von denen war, die ich Millionen Mal zuvor gesungen hatte. Als ich zu singen begann, hörte ich eine Stimme neben mir – die gleiche Stimme, die ich schon gehört hatte, als ich ein kleines Kind war.

Unser beider Leben war eigentlich schon vor unserer Geburt miteinander verbunden gewesen. In der Kühle des

Abends waren unsere Mütter zusammen spazieren gegangen, jede hatte ihre Hände unter dem Kind, das sie in sich trug gefaltet. Sie hatten über ihre Familien und ihre Träume geredet.

Wir wurden mit zwei Wochen Abstand geboren. Meine Mutter bekam einen Jungen, ihre Freundin bekam ein Mädchen. Mein Haar war blond, ihr Haar war rot. Ich hatte sechsundvierzig Chromosome; sie hatte siebenundvierzig. Innerhalb einer Woche, nachdem wir geboren waren, stellte sich heraus, dass Lindsey das Down-Syndrom hatte. Meine Mutter war die ältere von beiden Müttern, die mit dem höheren Risikofaktor. Nach Statistiken und Wahrscheinlichkeitsrechnungen hätten unsere Schicksale umgekehrt sein müssen.

Karen und ich gaben unseren Hochzeitsempfang in meiner Heimatstadt, und Lindsey war mit ihrer Familie da. Sie rannte auf mich zu und gab mir einen dicken Kuss auf die Wange. Wir gingen Arm in Arm, während weitere Gäste ankamen. Sie strahlte, weil sie ganz in der Nähe des Bräutigams stehen durfte. Als ich ihr leuchtendes Gesicht sah, erinnerte ich mich daran, wie viele Male Lindseys unschuldige Freude mich hatte innehalten lassen. Sie schien aus ihr herauszublubbern wie ein guter Champagner, der geschüttelt worden war, bevor man ihn entkorkte.

Und wie Lindsey singen konnte! Sie konnte nur ein paar Melodien behalten, aber diese Lieder waren für alle Zeiten ihre Lieblingslieder. Und niemand – wirklich niemand! – konnte es an Inbrunst und Eifer mit ihr aufnehmen. Selbst wenn Gemeinde, Chor und Instrumente alle Register zogen, konnte man immer noch ihre Stimme über allen anderen hören. Und auch wenn ihre Worte undeutlich waren und sie die meisten Liedzeilen eine Sekunde später beendete als wir, machte es nichts aus. Ihre Herzenseinstellung war richtig und jeder liebte sie dafür.

Meine Gedanken wanderten weg von dem Lied, das wir gerade sangen. Konnte irgendetwas Gott mehr verherrlichen? Konnten die Trompeter und Sänger, die alles perfekt einstudiert hatten, es mit Lindseys Beitrag zum Lob Gottes aufnehmen?

Ich sah die Antwort auf die Frage, die ich mir einige Tage zuvor gestellt hatte, direkt vor mir – oder besser: ich hörte sie direkt hinter mir. Sie war nicht zu überhören.

Ich erinnerte mich daran, wie ich als Kind im Gottesdienst in der Kirchenbank gesessen, meinen Kopf nach hinten gelegt und mir vorgestellt hatte, über der Gemeinde in den Dachsparren zu schweben und so alles aus Gottes Perspektive sehen zu können. Ich bin sicher, er hatte Freude an den Melodien der Trompeten, obwohl ich den leisen Verdacht habe, dass ein paar der Instrumentalisten mehr damit beschäftigt waren, die letzten beiden hohen Töne zu treffen, als mit dem Gedanken an seinen Lobpreis. Und der Chor war wunderbar, ich wusste jedoch, dass einige im Sopran Groll gegen den Chorleiter hegten, weil er ihnen kein Solo gegeben hatte. Dann gab es in einem Jahr einen Tenor, der dachte, er wäre ein bisschen besser als die anderen Männerstimmen und eine Altistin, die zu den Chorproben vor allem deshalb kam, um den neuesten Gemeindeklatsch mitzukriegen. Aber nichts von alledem belastete die süße Lindsey. Unbeeindruckt davon und ohne Hintergedanken sang sie jedes Lied und verkündete damit mutig, wie sie den Herrn anbetete.

> Oh, lasset uns anbeten,
> Oh, lasset uns anbeten,
> Oh, lasset uns anbeten den König.

Nach dem Gottesdienst trat ich aus der Kirche in die klare Winterluft hinaus und schlenderte die sauber gefegten Gehwege entlang, um die Stechpalmenkränze und bunten

Lichter zu bewundern, mit denen die Häuser in der Umgebung geschmückt waren. Während ich in den bedeckten Himmel schaute, erkannte ich, dass Gott in unserer Familie ganz anders wirken würde, als ich es mir je vorgestellt hatte. Er wollte, dass ich ihm vertraute – Christus, dem Herrn.

Fast vierundzwanzig Monate sind seit jenem Abend in unserer kleinen Dorfkirche vergangen. Im Augenblick beobachte ich gerade Austin Philip, wie er die Seiten eines bunten Bilderbuchs umblättert, während er gegen die Couch gelehnt steht. Seine Augen strahlen so blau, dass alles andere daneben glanzlos erscheint. Seine häufigen Lachanfälle sind so ansteckend, dass sogar ganz Fremde spontan mit einstimmen. Und obwohl er sich immer noch dabei festhalten muss, ist Gehen eine seiner Lieblingsbeschäftigungen. Es ist nur noch eine Frage der Zeit, bis er unsere Hand loslassen und sich über den Flur davonmachen wird.

Ich sollte eigentlich nicht überrascht sein. Während seiner ganzen bisherigen Entwicklung hat Austin allen Widrigkeiten getrotzt. Während die Wahrscheinlichkeit 90 % betrug, dass sein Augenlicht beeinträchtigt sein würde, zeigen Untersuchungen keine Abnormalitäten. Er kann beide Fußknöchel in alle Richtungen drehen, eine beinahe einmalige Leistung für ein Kind, dessen Rückenmark sich mehrere Monate außerhalb seines Körpers entwickelt hat. Kürzlich haben wir sogar Bewegung in den Extremitäten beobachtet – in jenen zehn kleinen Zehen, die Dr. Trivedi vor fast zwei Jahren fotografiert hat. Ich weiß, Austin sollte dafür bestraft werden, wenn er seine Schwester tritt, aber ich muss immer lächeln, wenn ich sehe, dass er es tut – weil er es kann!

Zu unserem Erstaunen und dem der Ärzte scheinen Austins geistige Fähigkeiten durch die Fehlbildungen, die während seiner Zeit im Mutterleib diagnostiziert wurden, praktisch nicht beeinträchtigt zu sein. Wie bei jedem achtzehnmonatigen Kind wächst sein Wortschatz täglich. Er schnappt Dinge von der Unterhaltung der Erwachsenen auf, wenn uns gar nicht bewusst ist, dass er zuhört.

Ich weiß nun, dass Gott nichts unmöglich ist. Die Herausforderungen, die täglich auf mich zukommen, verblassen im Vergleich mit jenem Augenblick, als ich die Nachricht von der Behinderung unseres Sohnes in jenem Röntgenlabor an der Universität Washington erhielt. Kleine Dinge, über die ich mir früher Sorgen gemacht hätte, bringen mich heute nicht mehr aus der Ruhe.

Heute erkenne ich auch, dass Gott manchmal einen anderen Weg benutzt als wir erwarten, um uns dorthin zu bekommen, wo er uns haben will. Wenn er sagt: »Vertraue mir«, muss ich nur auf die letzten zwei Jahre schauen und »Ja, Herr« sagen.

Während ich zuschauen konnte, wie sich dieses Wunder vor meinen Augen entfaltete, habe ich in erster Linie das Werk Gottes gesehen – in Austin und in mir. Und mein Leben wird nie wieder das Gleiche sein.

Manchmal sind wir aufgefordert, große Not zu ertragen – den Verlust eines Kindes, eine langwierige oder lähmende Krankheit, einen finanziellen Zusammenbruch, das Ende einer Beziehung, nicht enden wollende Probleme, eine unerklärliche Serie von Tragödien – während die Menschen um uns herum keine Schwierigkeiten zu haben scheinen. In solchen Zeiten, während wir nach Antworten suchen, gerät vielleicht unser Glaube ins Wanken. Möglicherweise stellen wir Gott zornige Fragen. Aber während wir tasten und suchen, uns unseren Schwierigkeiten stellen und sie ertragen, wachsen wir innerlich und unser Leben gewinnt neuen Sinn. Scott Pecks Worte bedeuten mir viel:

Probleme rufen unseren Mut und unsere Weisheit auf den Plan; tatsächlich schaffen sie unseren Mut und unsere Weisheit. Nur durch Probleme wachsen wir. (...) Durch den Schmerz, Problemen zu begegnen und sie zu lösen, lernen wir. »Die Dinge, die wehtun, lehren uns etwas«, sagte Benjamin Franklin. (...)
Da wir den damit verbundenen Schmerz fürchten, versuchen wir fast alle in größerem oder geringerem Maße, Problemen auszuweichen. Wir ignorieren sie, vergessen sie, tun so, als existierten sie nicht. Wir nehmen sogar Drogen, damit wir sie besser ignorieren können, damit wir uns gegen den Schmerz abstumpfen und so die Probleme vergessen können, die den Schmerz verursachen. (...) Diese Neigung, Problemen und den ihnen innewohnenden gefühlsmäßigen Leiden auszuweichen, ist die Hauptgrundlage aller menschlichen seelischen Krankheiten.[3]

Aber die Menschen, die aus den Problemen stark und gesund hervorgehen, sind ...

- diejenigen, die Schmerzen ertragen, statt vor ihnen wegzulaufen;
- diejenigen, die den Herrn suchen, um Weisheit zu bekommen, statt die vorhandenen Probleme zu leugnen;
- diejenigen, die Gott suchen, um Kraft zu bekommen, statt sich aus eigener Kraft durchzukämpfen;
- diejenigen, die sich ihrem Schmerz stellen und ihn annehmen, statt vorzugeben, er sei nicht da;
- diejenigen, die nach Gottes Sichtweise fragen, statt Schlussfolgerungen zu ziehen, die auf ihrem eigenen begrenzten Verständnis beruhen.

Das sind die Menschen, bei denen das bestimmende Merkmal ihres Lebens ihr Glaube wird.

Welche Herausforderungen ziehen heute an Ihrem Horizont herauf? Welche schwierigen Fragen tauchen immer wieder in Ihren Gedanken auf? Darf ich Sie ermutigen, sich diesen Problemen direkt zu stellen und Gott einzuladen, bei der Bearbeitung dabei zu sein? Wenn Sie ihn zum Partner haben, können Sie sicher sein, dass Sie einige Antworten auf Ihre Fragen und konkrete Lösungen für die Probleme auf Ihrem Weg bekommen, die Ihr Leben verändern werden. Wie David und Karen werden Sie ihn der Anbetung würdig finden.

Er ist schließlich noch immer Christus, der Herr.

Ein Schlückchen Hoffnung und Humor

Glaube ist nicht anti-intellektuell. Es ist ein Akt des Menschen, der über die Begrenzung unserer fünf Sinne hinausreicht. *Billy Graham*

Glaube sieht das Unsichtbare, glaubt das Unglaubliche und empfängt das Unmögliche. *Corrie ten Boom*

Elf Leute, zehn Männer und eine Frau hingen an einem Seil, das von einem Helikopter baumelte. Das Gewicht von elf Leuten war eindeutig zu viel für das Seil, daher beschloss die Gruppe, dass eine Person loslassen musste. Niemand konnte sich entschließen, wer gehen sollte.

Schließlich meldete sich die Frau freiwillig. Sie hielt eine zu Herzen gehende Rede, sagte, sie würde ihr Leben geben, um die anderen zu retten, denn Frauen seien ja daran gewöhnt, für ihre Männer und Kinder Dinge aufzugeben. Als sie ihre Rede beendet hatte, begannen alle Männer zu klatschen …

Unterschätze nie die Macht einer Frau!

Habe niemals Angst, etwas Neues zu versuchen.

Denke daran, Amateure bauten die Arche. Profis bauten die Titanic.

Das alles kann ich durch Christus, der mir Kraft und Stärke gibt. *Philipper 4,13; Hfa*

Überlass alle deine Sorgen dem Herrn! Er wird dich wieder aufrichten; niemals lässt er den scheitern, der treu zu ihm steht. *Psalm 55,23; Hfa*

Jesus sagte: »Wenn du beten willst, gehe in dein Zimmer, schließe die Tür hinter dir zu, und bete zu deinem Vater. Und dein Vater, der selbst deine geheimsten Gedanken kennt, wird dich erhören.« *Matthäus 6,6; Hfa*

KAPITEL 9

Aprilscherze

Ein fröhlicher Mensch lebt gesund.
Sprüche 17,22; Hfa

Haben Sie sich schon einmal gefragt, wie Ärzte inmitten der aufreibenden Anforderungen ihrer medizinischen Arbeit geistig gesund bleiben? Tag für Tag stellen sie Diagnosen, geben Ratschläge und hören kranken und leidenden Patienten zu. Und kranke Leute sind gewöhnlich nicht gerade bester Laune!

Am Ende des Tages, wenn der letzte Patient gegangen ist, gibt es dann auch noch einen Stapel Papierkram, der bearbeitet werden will. Und vergessen Sie die Telefonanrufe während der frühen Morgenstunden nicht. Wie füllen Mediziner ihre Energiereserven wieder auf und tanken innerlich auf? Wie bauen sie den Stress ab, der mit der enormen Verantwortung verbunden ist, Entscheidungen treffen zu müssen, bei denen es um Leben und Tod geht? Dr. Knopf beantwortet diese Frage mit einer Geschichte, die Sie zum Lachen bringen wird.

Während der Osterferien nahm mein Sohn Eric bei der nationalen Four-Wheeler-Hallenmeisterschaft in Seattle teil. Am Eröffnungstag waren wir in der Halle, mit einer Videokamera bewaffnet, um die bevorstehenden bedeutenden Augenblicke festzuhalten. Erics bester Freund war mitgekommen – zum Spaß und um während des Filmens technische Ratschläge zu geben.

Bei der zweiten Runde des ersten Probelaufes machte Eric mit seinem Allradgefährt einen wunderschönen sauberen Sprung über ein Hindernis, landete aber abrupt mit einem unsanften Ruck. Er hatte offensichtlich Schmerzen, als er versuchte, den Wagen an die Seite der Rennbahn zu ziehen. Ich rannte von den Zuschauerrängen zur Ambulanz, wo die Sanitäter sich die Verletzung anschauten. Die Schwellung an seinem Handgelenk war ein ziemlich sicheres Zeichen dafür, dass etwas gebrochen war. Deshalb fuhren wir – Eric mit geschientem Arm und bewaffnet mit Schmerztabletten – nach Hause zurück. Dort bestätigte die Röntgenaufnahme meine Befürchtungen. Drei Wochen Gips waren angesagt.

Verstehen Sie mich nicht falsch: Das war keine Katastrophe. Im Gegenteil, wenn man in der High School ist, ist ein Gipsverband ein Merkmal von Mut, der wie ein Magnet die Sympathien der Mädchen anzieht. Eric beschloss, dies voll auszukosten. Mit der Zunge in der Backe überlegte er: »Wenn ein Gips am Handgelenk schon so viel Aufmerksamkeit erregt – was würde dann erst ein Bein in Gips bewirken!«

Am Abend vor dem ersten April baten Eric und sein Freund mich, ihnen bei einem Streich zu helfen. Ich sollte ihnen einen Beingips verpassen. Sie wollten damit zur Schule humpeln und irgendeine wilde, haarsträubende Geschichte erzählen über eine große Tragödie, die sie überlebt hatten. Dann würden sie Klassenkameraden bitten, Worte der Ermutigung auf ihren Gips zu schreiben. Der Plan war, abends die Botschaften aus dem Gips herauszuschneiden und die Gipsteile am folgenden Morgen den betreffenden Mitschülern mit einem »April, April« zu überreichen.

Ich hielt das für einen harmlosen Scherz, und so spielte ich mit. Um zehn Uhr abends fuhren wir in die Klinik, wo ich ihre Beine mit Verbandsmaterial umwickelte und sorgfältig den Gips anbrachte. Als ich an den Jungen arbeitete, sah ich aus dem Augenwinkel, dass die medizinischen Unterlagen, die auf meinem Schreibtisch gelegen und auf mich gewartet hatten, nun ordentlich in der Ecke des Raumes, in dem wir uns gerade befanden, gestapelt waren. Ich hatte vor, am folgenden Morgen einige Berichte für diese Akten zu schreiben, bevor ich sie an ihrem Platz ablegte. Doch bald ging mir auf, dass ich versehentlich über einen Aprilscherz gestolpert war, den jemand mir spielen wollte. Jemand wollte erreichen, dass ich über die fehlenden Akten in Panik geriet, wenn ich mich am nächsten Morgen an einen sauberen, leeren Tisch setzte. Wenn ein Arzt seine Patientenakten nicht finden kann, ist das eine ernste Sache.

Die Gelegenheit war zu günstig, um sie verstreichen zu lassen. Mark, der Hausmeister, war zufällig an diesem späten Abend auch in der Klinik. Er wurde mein Komplize. Ich bat ihn, die Unterlagen an einer sicheren Stelle in seinem Raum zu verstecken und die folgende Notiz zu schreiben:

Liebe Kollegen,
ich habe einen Stapel altes Papier in Zimmer 6 gefunden.
Ich habe das Zeug für euch entsorgt. Mark

Am nächsten Morgen verzögerten einige Anrufe meine Ankunft in der Klinik bis 8.30 Uhr. Der Rest der Mitarbeiter war zur gewohnten Zeit um 7.45 Uhr angekommen. Jemand schilderte mir das Szenario später so: Die Krankenpflegeschülerin, die den Plan ausgeheckt hatte, stolzierte in das erste Büro und prahlte über den großartigen Aprilscherz, den sie für Dr. Knopf ausgedacht hatte. Sie sagte: »Gestern, bevor ich nach Hause ging, habe ich alle Unterlagen, die auf seinem Schreibtisch waren, versteckt. Hä hä ...«

»Ihnen wird das Lachen noch vergehen!«, kam die schnippische Antwort der Rezeptionistin. »Der Hausmeister hat gedacht, die Akten sollten zum Müll und hat sie weggeworfen!«

Die Krankenschwester erstarrte vor Entsetzen. Zwei Sekunden später stürzte sie aus der Tür, rannte zum Müllcontainer auf dem Parkplatz, öffnete den Deckel und sprang hinein. Da saß sie, in ihrer weißen Tracht, wühlte sich durch den Abfall, warf Blätter nach rechts und links in dem verzweifelten Versuch, die weggeworfenen Akten zu finden.

Währenddessen telefonierte der Leiter der Zentrale mit der Müllabfuhr und bestand darauf, dass *alle* Fahrer angepiepst und zu unserem Büro zurückbeordert würden! Alle waren in Aufruhr.

In einem letzten verzweifelten Versuch, die Akten ausfindig zu machen, rief die Rezeptionistin den Hausmeister an und weckte ihn dabei aus dem Tiefschlaf. Sie wollte wissen, in welchen der vielen Müllcontainer er die Akten geworfen hatte. Waren es die auf der rechten oder linken Seite? Hinten oder vorne? Sie brauchten dringend Hinweise.

Da Mark ein gutmütiger Mensch war, brachte er es nicht übers Herz, sie noch länger leiden zu lassen. Nach einer kurzen Pause und einem herzlichen Lachen sagte er ihnen, dass die Akten im Lagerraum des Hausmeisters versteckt waren. Ich wünschte, ich hätte das Gesicht der Pflegeschülerin sehen können, als sie (knietief im Abfall) erfuhr, wo die Akten waren.

Ich ging an diesem Morgen in mein Büro und entdeckte, dass meine Akten in willkürlicher Unordnung auf meinem Schreibtisch gestapelt waren, zusammengehalten durch ein großes gelbes Band, an dem eine Notiz befestigt war: »Sie sind in großen Schwierigkeiten! Passen Sie selber auf Ihre Akten auf!«

Eric spazierte am nächsten Morgen in die Schule und verteilte Gipsstücke an die Mitschüler, die auf die Geschichte der Jungen hereingefallen waren und Mitleidsbekundungen auf den Gips geschrieben hatten. Falls es ein Streich-Spiel-Gen gibt, haben Eric und ich es beide – und ich kenne mich mit Genen aus!

Ich stimme Chuck Swindoll zu: Wir können unsere Ehrfurcht vor etwas sowohl damit ausdrücken, dass wir darüber lachen, als auch dadurch, dass wir dafür beten. Lachen ist gut für Geist, Körper und Seele. Irgendwie habe ich das Gefühl, dass eines der ersten Geräusche, das wir hören werden, wenn wir in den Himmel kommen, ein melodischer Chor von Gelächter sein wird. Es wird nichts geben, was unser Kichern, Wiehern und Prusten unterbrechen wird. Oh, wir können uns auf so viel freuen. Aber bis dahin lassen Sie uns versuchen, das Beste aus unserem Leben zu machen. Lassen Sie uns den Durst unserer Seele damit stillen, dass wir aus jedem Tag, der vergeht, jeden nur möglichen Tropfen Freude pressen.

Ein Schlückchen Hoffnung und Humor

Ausbildungskurse für Männer

- Einführung in alltägliche Haushaltsgegenstände I: Der Mopp
- Einführung in alltägliche Haushaltsgegenstände II: Der Schwamm
- Sich schick machen: Über Beerdigung und Hochzeit hinaus
- Spurensicherung im Kühlschrank: Vergammeltes identifizieren und entfernen
- Verlust akzeptieren I: Wenn es leer ist, können Sie es wegwerfen
- Verlust akzeptieren II: Wenn das Haltbarkeitsdatum der Milch vor drei Wochen abgelaufen ist, bringt es nichts, sie weiter im Kühlschrank aufzubewahren
- Zum Supermarkt gehen: Jetzt auch für Männer!
- Recycling-Knowhow I: Wohin mit den Kartons, in denen elektrische Geräte waren?
- Recycling-Knowhow II: Wohin mit dem Styropor, das in den Kartons mit den elektrischen Geräten war?
- Badezimmer-Etikette I: Wie man Barthaare aus dem Abfluss entfernt
- Badezimmer-Etikette II: Wie wäre es mit Handtücher waschen?
- Badezimmer-Etikette III: Fünf einfache Methoden, wie man erkennen kann, dass das Toilettenpapier demnächst ausgeht
- Anleitung zum Spenden: Wie man fünfzehn Jahre alte Levis-Jeans ans Rote Kreuz gibt

- Seltsam, aber wahr: Möglicherweise interessiert es Ihre Partnerin wirklich nicht, was »Abseits« bedeutet
- Erweitern Sie Ihre Möglichkeiten der Unterhaltung: Leihen Sie Filme aus, die nicht in die Kategorie »Action/Abenteuer« fallen
- Dein, mein und unser: Anleitung zum Teilen
- »Ich hätte es besser gemacht«: Warum Frauen lachen
- »Ich weiß nicht«: Seien Sie der erste Mann, der das sagt
- Die Benzinanzeige in Ihrem Auto: Manchmal bedeutet leer *tatsächlich* leer
- Wegbeschreibungen: Es ist in Ordnung, danach zu fragen
- Zuhören: Sie sollten es nicht nur während der Halbzeitpause tun
- Akzeptieren Sie Ihre Grenzen: Die Tatsache, dass Sie Elektrowerkzeuge besitzen, bedeutet nicht unbedingt, dass Sie sie reparieren können

Zu verkaufen: Vollständiger Satz Lexika. Ausgezeichneter Zustand. 1 000 Euro oder bestes Angebot. Kein Bedarf mehr. Habe letztes Wochenende geheiratet. Frau weiß alles.

KAPITEL 10

Ein Engel für jedes Kind

»Ich preise dich, Vater und Herr Himmels und der Erde, dass du solches den Weisen und Klugen verborgen hast und hast es den Unmündigen offenbart.«
Matthäus 11,25

Erinnern Sie sich an Ihren Lieblingslehrer, den Sie als Kind hatten? Ich vermute, dass er oder sie Gemeinsamkeiten mit Mrs. Hannon hatte, die Lehrerin, die Ihnen gleich begegnen wird. Sie ist die Art von Frau, die Kinder wirklich – ich meine *wirklich* – liebt und ihr Leben positiv beeinflussen möchte.

Wir wissen alle, dass Lehrer, genau wie alle anderen Leute, manchmal schlechte Tage haben. Aber Mrs. Hannon hatte nicht nur schlechte Tage, sie hatte eine ganze Reihe von schlechten Wochen – bis der kleine Andrew ihr etwas ins Ohr flüsterte, das sie vollkommen überraschte und ihr eine neue Perspektive gab.

Neben meinen Aufgaben als Ehefrau und Mutter unterrichte ich Dritt- und Viertklässler an einer staatlichen Grundschule. Ich nehme an, dass die Kinder in meiner Klasse auch nicht anders sind als Schulkinder überall auf der Welt. Oft habe ich über ihre Unverwüstlichkeit gestaunt.

Die Mehrzahl der Kinder in meiner Klasse muss mit den Folgen einer Scheidung zurechtkommen. Einige leben mit allein erziehenden Elternteilen, andere in Patchwork-Familien oder bei nahen Verwandten. Drei meiner Schüler haben Eltern, die im Gefängnis sind, oder solche, deren Strafe zur Bewährung ausgesetzt ist. Bei zweien sollen die Eltern nach Drogenabhängigkeit wieder in die Gesellschaft eingegliedert werden. Andere Kinder sind vernachlässigt und missbraucht worden. Ein Kind, das gegenwärtig von einem heftigen Sorgerechtsstreit betroffen ist, darf seine Mutter nicht sehen. Ein anderes Kind hat letztes Jahr durch einen Betriebsunfall seinen Vater verloren, während die Mutter eines anderen an AIDS gestorben ist. Etliche Schüler haben mit Lernbehinderungen zu kämpfen.

Jeden Herbst, bevor das Schuljahr beginnt, gehen mein Mann und ich in die leere Schule und beten für die Schüler, die bald wieder durch die Tür kommen werden. Wir wandern die Gänge auf und ab, beten an jeder Stuhlreihe und bitten den Herrn, seine Engel um die Kinder zu stellen, die auf den Bänken sitzen werden. Wir bitten ihn, sie zu beschützen, ihnen zu helfen und mit seiner Liebe über ihnen zu wachen.

Ein Teil des Schuljahres war um und ich war am Ende eines besonders nervenaufreibenden Monats angelangt. Normalerweise kann ich gut mit Stress umgehen, aber ich war erschöpft von den anhaltenden Belastungen, die wir bewältigen mussten. Zu den Herausforderungen im Klassenzimmer kam, dass der einundneunzigjährige Vater meines Mannes während eines Besuchs bei uns sehr krank wurde. Als der Arzt ihn untersuchte, stellte sich heraus, dass er einen Tumor an der Bauchspeicheldrüse hatte, der operiert werden musste. Wir wollten helfen und lieferten ihn in das Krankenhaus unserer Stadt ein. Die Operation verlief gut, aber als er zu einer zusätzlichen Behandlung ins Pflegeheim verlegt wurde, zog er sich eine Lungenentzündung zu und die Ärzte wussten nicht, ob er überleben würde.

Während mein Mann unzählige Stunden im Pflegeheim verbrachte, übernahm ich zu Hause zusätzlich zu meinen Aufgaben auch seine: die Mahlzeiten, den Taxidienst für unsere Tochter, die tägliche Hausarbeit – alles, was zu tun ist, um den Haushalt am Laufen zu halten. Dazu boten wir einer Freundin und ihrem Baby Unterschlupf. Sie hatte sich von ihrem Mann getrennt, der sie misshandelt hatte, und nun gingen sie zur Eheberatung und hofften auf Versöhnung.

Jedenfalls könnte man sagen, dass das Fass zum Überlaufen voll war.

Etwa zu der Zeit, als ich am Tiefpunkt meiner Kraft war, erschien der Mann meiner Freundin nicht zu einem ihrer Beratungstermine. Stattdessen ließ er ihr die Scheidungspapiere zukommen, nahm ihr gewaltsam das Kind weg, das noch gestillt wurde, und verschwand. Wir hatten keine Ahnung, wo wir ihn finden konnten. Sie hatte zwar das Sorgerecht für das Kind und einen Gerichtsbeschluss, die Polizei konnte den Mann jedoch nicht ausfindig machen, um ihren Sohn zu befreien. Es war eine seelische Tortur.

Als der Montagmorgen kam, dachte ich, ich würde es nicht schaffen, meiner Klasse gegenüberzutreten. Ich hatte fast keine Energie mehr. Das Charakteristische an meiner Arbeit ist, dass sie 100 % Einsatz fordert und ich hatte das Gefühl, dass ich etwa 2 % zu bieten hatte. Aber ich zwang mich hinzugehen und es gelang mir, mich fast rechtzeitig zum Klingelläuten durch die Tür zu schleichen.

An diesem Morgen arbeitete ich mit den Kindern im Computerraum an einem Projekt, das wir »Alles über mich« nannten. Ihre Aufgabe war es, eine Geschichte darüber zu schreiben, was sie einmal werden wollten. Mitten in der Übung rief mich Andrew zu seinem Computer und fragte: »Mrs. Hannon, wie buchstabiert man ›mächtig‹.«

Nachdem ich ihm das Wort buchstabiert hatte, fragte ich ihn, in welchem Zusammenhang er das Wort verwenden wollte.

»Wenn ich groß bin, möchte ich ein mächtiger Mann Gottes sein«, antwortete er.

»Was für ein wundervoller Wunsch, Andrew!«, sagte ich.

Andrews Bemerkung erregte Mitchells Interesse, der am Computer direkt neben ihm saß. Er drehte sich zu Andrew um und fragte: »Was ist ein mächtiger Mann Gottes?«

Ich war gespannt, was Andrew sagen würde, und hörte aufmerksam zu.

»Es ist wie ein Krieger für Gott zu sein – jemand, der Gottes Rüstung trägt.«

Andrew machte mir mit seinem Zeigefinger Zeichen, näher zu kommen. Er wollte mir etwas ins Ohr flüstern. Als ich nahe genug bei ihm war, sagte er leise: »Mrs. Hannon, glauben Sie an Engel?«

»Ja, Andrew, das tue ich.«

»Aber, Mrs. Hannon, glauben Sie, dass Menschen Engel sehen können?«

Ich flüsterte zurück: »Na ja, den Hirten sind Engel erschienen, die ihnen sagten, dass Jesus geboren worden war. Und es gibt viele andere Geschichten in der Bibel von Menschen, die Engel gesehen haben. Ich glaube, wenn Gott will, dass Menschen Engel sehen, dann sehen sie sie auch.«

Dann bat er mich, noch näher zu kommen, damit niemand mithören konnte. Sehr leise sagte er: »Mrs. Hannon, ich sehe einen Engel.«

»Andrew, willst du damit sagen, dass du jetzt – in diesem Augenblick – einen Engel siehst?«, flüsterte ich erstaunt.

Er sah mich an, grinste über das ganze Gesicht und sagte: »Nein, Mrs. Hannon, nicht *einen*. Ich sehe ganz *viele* Engel. Hinter dem Stuhl von jedem Kind steht ein Engel.«

Ich lächelte, nickte zustimmend und sagte: »Ich glaube dir, Andrew.« Obwohl ich die Engel nicht sehen konnte, wie Andrew es tat, freute ich mich an der großartigen Macht und Liebe Gottes, die über jedem Kind in meiner Klasse wachte. Die Botschaft war kristallklar: Gott kümmerte sich sorgfältig um alle geschilderten Bedürfnisse, einschließlich meiner. Er beantwortete Gebete. Er ging auf große Sorgen ein. Er war da, auch wenn er ganz und gar nicht da zu sein schien.

Mit der Zeit wurde mein Schwiegervater wieder ganz gesund und kehrte nach Arizona zurück. Die Polizei fand das gestohlene Baby und gab es seiner Mutter zurück. Sie und ihr Sohn leben nun in einer sicheren Unterkunft und warten auf ihre Gerichtsverhandlung.

Und Andrew? Ich glaube, er macht große Schritte auf sein Ziel zu.

Ein Schlückchen Hoffnung und Humor

Denn Gott hat seine Engel ausgesandt,
damit sie dich schützen, wohin du auch gehst.
Sie werden dich auf Händen tragen,
und du wirst dich nicht einmal
an einem Stein verletzen! (...)
Gott sagt: »Er liebt mich von ganzem Herzen,
darum will ich ihn retten.
Ich werde ihn schützen, weil er mich kennt und ehrt.
Wenn er zu mir ruft, antworte ich ihm.
Wenn er keinen Ausweg mehr weiß, bin ich bei ihm.
Ich will ihn befreien und zu Ehren bringen.
Bei mir findet er die Hilfe, die er braucht;
ich gebe ihm ein erfülltes und langes Leben!«

Psalm 91,11-12+14-16; Hfa

Eine gewöhnliche Nacht mit gewöhnlichen Schafen und gewöhnlichen Hirten. Und gäbe es nicht einen Gott, der gerne ein »Extra« an das Gewöhnliche heftet, wäre die Nacht unbemerkt vergangen. Die Schafe wären vergessen worden und die Hirten hätten die Nacht verschlafen.

Aber Gott tanzt inmitten des Gewöhnlichen. Und in dieser Nacht tanzte er einen Walzer.

Der schwarze Himmel explodierte vor Helligkeit. Schafe, die still gewesen waren, wurden zu einem Chor von Neugierigen. In der einen Minute schlief der Hirte fest, in der nächsten rieb er sich die Augen und starrte in das Gesicht eines außerirdischen Wesens.

Die Nacht war nicht länger gewöhnlich.

Der Engel kam in der Nacht, weil man in der Nacht das Licht am besten sieht und weil es dann am meisten gebraucht wird. Aus dem gleichen Grund kommt Gott in das Gewöhnliche.[4] *Max Lucado*

Christen sollten nie versäumen, das herrliche Wirken von Engeln wahrzunehmen. Es stellt für immer die Welt der dämonischen Mächte in den Schatten, wie die Sonne ein Kerzenlicht in den Schatten stellt. *Billy Graham*

Der Engel des Herrn stellt sich schützend vor alle, die Gott ernst nehmen, und bringt sie in Sicherheit. Probiert es aus und erlebt selbst, wie gut der Herr ist! Glücklich ist, wer bei ihm Zuflucht sucht! *Psalm 34,8-9; Hfa*

KAPITEL 11

Einladung zum Gebet

Ein kleiner Junge kann sie hüten.
Jesaja 11,6; Hfa

Fragen Sie sich manchmal, wie Gott unsere Aufmerksamkeit auf sich zieht? Er weiß, was jeder von uns braucht, und gibt die für uns passenden Anstöße zum Gebet. Im täglichen Leben mit meinem behinderten Sohn finde ich viele Momente, in denen ich Gottes freundliche Einladung, mit ihm zu reden, hören kann.

Es passierte heute. Wir waren in Nathans Kinderzimmer und räumten zusammen sein Spielzeug auf, als er plötzlich das Puzzle, das er in der Hand hielt, fallen ließ. Die scharfe Ecke des Kartons traf die zarte Haut seines Fußrückens. Sofort brach Nathan in Tränen aus, fiel auf den Boden, hielt seinen Fuß und heulte: »Uhuhuhuhuuuuu!«

Ich wollte seinen Rücken streicheln und ihn in den Arm nehmen, aber er war zu sehr auf seinen Schmerz konzentriert, als dass er sich von mir hätte trösten lassen. Er schlug meine Hand weg, faltete die Hände und hielt sie hoch zu meinem Gesicht. In Zeichensprache bat er mich, für ihn zu beten.

In dem Augenblick, als ich meine Hand auf Nathans Fuß legte und zu beten begann, wurde er ruhig. Ich betete in einfachen Worten und in kurzen Sätzen. Während ich sprach, versuchte er nachzusprechen, was ich betete. Es waren unvollständige Silben – unbeholfene Versuche, Konsonanten zu formen. Nathans Sprache war für die Ohren eines Durchschnittsmenschen unverständlich. Aber Gott kannte sein Herz. Und Nathans Worte waren süße Melodien für seine Ohren.

Nathan ist gewöhnlich der Erste, der beten möchte, wenn wir uns als Familie zum Mittagessen setzen. Er faltet die Hände und hält sie hoch, damit wir alle sie sehen können. Er will sicher gehen, dass auch er drankommt. Und wenn er betet, ist das ziemlich bewegend. Mit weit offenen Augen sieht er jeden am Tisch an, murmelt eine Reihe von wirren Lauten und arbeitet sich dabei langsam um den Tisch herum, bis er mit Gott über jeden Anwesenden geredet hat. Dann betet er für Kelli, Shawn und Tia, einige seiner engsten Freunde. Ich schäme mich zuzugeben, dass manchmal einer von uns eingesprungen ist, um seine langen Gebete zu beenden, damit wir anfangen konnten, bevor das Essen kalt wurde.

Ich bemerkte seine besondere Beziehung zum Gebet, als er noch sehr klein war. Eines Nachmittags, als er etwa drei Jahre alt war, rannte er durch das Wohnzimmer, stolperte über seine schlaksigen Füße und flog gegen die Ecke des Couchtisches. Er verbarg das Gesicht in den Händen und schrie wie am Spieß. Als ich ihn aufhob, um ihm zu helfen, war er mit Blut bedeckt, das aus einer tiefen Wunde über seinem rechten Auge floss. Er war so außer sich, dass alle meine Versuche, ihn zu beruhigen, vergeblich waren. Deshalb betete ich. »Lieber Gott, bitte berühre Nathan«, begann ich.

In dem Augenblick, als ich zu beten anfing, hörte Nathan auf zu schreien und saß ruhig auf meinem Schoß. Ich beendete das Gebet, wusch seine Wunde aus, trug eine antiseptische Salbe auf, und er ließ alles bereitwillig mit sich geschehen. Diese drastische Veränderung sprach Bände über das Geheimnis der Gegenwart Gottes im Leben dieses kleinen Jungen. Obwohl er geistig zurückgeblieben ist, ist er empfänglich für geistliche Dinge.

Dies wurde uns wieder einmal vor Augen geführt, als er vier Jahre alt war. Unsere Familie verbrachte ein paar Tage beim Zelten. Es war ein wunderbares Wochenende – bis zur Heimfahrt, wo wir zum Schluss auf der Autobahn ein Stück im Stop-and-go-Tempo fahren mussten. Für die landschaftlich schöne Strecke, die normalerweise in drei Stunden zu bewältigen ist, brauchten wir diesmal fünfeinhalb Stunden; es war ein Marathon, der unsere Geduld auf die Probe stellte.

Wir waren an diesem Wochenende mit zwei Autos unterwegs. Nathan und ich saßen in dem Auto hinter meinem Mann John, der mit Jessie und Ben, unseren beiden anderen Kindern, in unserem Wohnmobil saß. Jessie und Ben dösten während des Staus vor sich hin und John versuchte, an etwas Positiveres zu denken als an die Stoßstange vor ihm. Nach einer Stunde und zwanzig Minuten, die wir mit fünfzehn Kilometern pro Stunde dahin geschlichen waren, löste der Stau sich schließlich auf und unsere Geschwindigkeitsanzeige kletterte wieder auf Hundert.

Nathan war die meiste Zeit ruhig gewesen. Er überraschte mich, als er plötzlich die Stille durchbrach: »Mama, Mama!« Dabei faltete er die Hände vor sich.

»Also gut, Nathan«, sagte ich, »für wen soll ich beten?«

»Nnnn«, kam die Antwort.

Das ist Nathans Wort für Andrew, den kleinen Jungen in unserer Straße, der ab und zu mit Ben spielt. So betete ich für Andrew. Ich bat Gott, ihn und seine Familie zu segnen.

Dann faltete Nathan wieder seine Hände und bat mich, für Jessie zu beten. Dann Ben. Dann Papa. Dann Mama. Dann Oma und Opa. Nachdem ich ausführlich für die ganze Familie gebetet hatte, dachte ich, wir wären fertig. Aber weit gefehlt! Mein kleiner Mitfahrer gab mir immer noch das Bet-Zeichen, während er unnachgiebig auf unser Wohnmobil vor uns deutete.

»Nathan«, erklärte ich, »Mama hat schon für Daddy und Jessie und Ben gebetet.«

Ärgerlich machte er mir wieder das Bet-Zeichen und deutete auf das Wohnmobil.

Was um alles in der Welt meinte er? Was hatte er auf dem Herzen? Ich wusste, dass er versuchte, mir etwas mitzuteilen, was ihm sehr wichtig war. So versuchte ich zu raten. »Nathan, willst du, dass ich für Papa bete?«

»Nein.«

»Jessie?«

»Nein.«

»Ben?«

»Nein.«

Er deutete immer noch auf das Wohnmobil. Beharrlich. Ich machte einen weiteren Versuch. »Nathan, soll ich für das Wohnmobil beten?«

»Da!« (Das war Nathans Art, ja zu sagen.)

Ich fand die Bitte ein wenig seltsam, aber ich tat, was er wollte, und betete, dass Gott auf das Wohnmobil aufpassen und dass es bis zu Hause einwandfrei funktionieren möge. Nachdem ich Amen gesagt hatte, entspannte sich Nathan. Er schien glücklich zu sein, und damit war für ihn die Sache erledigt.

Nur wenige Sekunden später fuhren wir über eine Bergkuppe und fast im gleichen Moment stieg ich mit voller Kraft auf die Bremse. Ich hatte gerade noch rechtzeitig gesehen, wie unser Wohnmobil plötzlich heftig zu schleudern begann und dann vor uns zum Stehen kam. Ein paar Wagen weiter vorne war gerade ein Unfall passiert. Ein Auto, das einen großen Pferdeanhänger zog, war mit einem Wohnmobil zusammengestoßen, das abrupt angehalten hatte, weil ihm ein anderes Auto in die Quere gekommen war. Die Wucht des Zusammenpralls hatte den hinteren Teil des Wohnmobils vom Boden hochgehoben und es auf die Gegenfahrbahn geschleudert. Das rechte Vorderrad war verschwunden und das Wohnmobil war zur Seite gekippt. Rauchwolken breiteten sich auf der Autobahn aus. Verletzte Fahrgäste kletterten aus beschädigten Autos, um aus der Gefahrenzone zu kommen.

Die Leute im Auto vor uns stellten das Warndreieck auf, telefonierten mit ihrem Handy, schauten nach den Verletzten und regelten den Verkehr.

Ich saß nur da, wie betäubt. Ich konnte nicht glauben, was ich sah. Es hätte leicht uns treffen können – unsere ganze Familie! Minuten vorher waren John und ich diejenigen gewesen, die vor dem Wagen mit dem Pferdeanhänger fuhren.

Ich bin nicht sicher, ob ich den Zusammenhang zwischen Nathans Beharrlichkeit, speziell für das Wohnmobil zu beten, und unserer Bewahrung auf der Straße verstehe. Aber ich glaube, dass es einen Zusammenhang gibt.

Nathan ist heute acht Jahre alt. Gestern Abend, als ich ihn ins Bett brachte, taten wir, was wir immer tun. Ich erzählte ihm eine Geschichte und legte mich dann neben ihn und wir hielten Rückschau auf den Tag. Er faltete seine kleinen Hände und hielt sie vor sein Gesicht und forderte mich auf zu beten. Wir legten alle vier Hände zusammen und beschlossen den Abend mit Gott. Ein einfaches Wort nach dem anderen folgte. Ich betete vor. Und er sprach das

Gebet nach, so gut er konnte. Es waren süße, friedevolle Augenblicke nach einem sehr aktiven Tag.

Nathan entschlummerte ins Traumland und ich blieb noch ein wenig länger neben ihm, ich wollte den Frieden des Augenblicks nicht stören. Der Ausdruck auf Nathans Gesicht drückte Zufriedenheit aus. Während ich still neben ihm lag und sanft seine Hände hielt, dachte ich über die Jahre nach, die Nathan nun schon bei uns ist. Ich dachte darüber nach, was dieses gebrechliche Kind mich schon alles gelehrt hat. Aber eines schien mir in dem Augenblick bedeutender als alles andere: *Er hat mich näher zu Gott geführt.*

Nathans Behinderungen erinnern mich an die harte Wirklichkeit und das ständige Leiden in dieser Welt. Aber seine Aufforderungen zum Gebet erinnern mich daran, wohin ich gehen kann, um Hilfe zu finden. In Gottes Gegenwart sind Frieden und Trost, und Nathan ist es eine Freude, mich dorthin zu führen. Wenn Sie ihn kennen lernen könnten, würde er Sie bitten, auch mitzukommen.

Bitte fühlen Sie sich eingeladen.

Ein Schlückchen Hoffnung und Humor

Und welche Art von Wohnstatt gefällt Gott? Wie muss unsere Wesensart sein, dass er sich bei uns zu Hause fühlen kann? Er verlangt nichts außer einem reinen Herzen und einem einfältigen Geist. Er fordert keine prächtige Täfelung, keine Orientteppiche, keine Kunstschätze von weit her. Er wünscht sich nur Aufrichtigkeit, Offenheit, Demut und Liebe. Um den Rest wird er sich kümmern.

A. W. Tozer

Ein Pastor ging an einem Kindergarten vorbei, als eine Gruppe von Kindern, die auf dem Spielplatz waren, näher kam. Ein kleiner Junge von drei oder vier Jahren betrachtete den Talar des Pastors und fragte: »Warum ziehst du dich denn so komisch an?«

Der Mann sagte dem Jungen, er sei Pastor und dies sei die Kleidung, die Pastoren tragen.

Dann zeigte der Junge auf den Kragen des Pastors und fragte: »Haben Sie ein Aua?«

Der Pastor sah das Kind verblüfft an, bis ihm plötzlich klar wurde, dass der Kragen für den Jungen wie ein Verband aussah. Deshalb machte der Pastor den Kragen ab und gab ihn dem neugierigen Frager. Auf der Rückseite stand in erhabenen Buchstaben der Name des Herstellers.

Der kleine Junge befühlte die Buchstaben und der Pastor fragte: »Weißt du, was diese Worte bedeuten?«

»Ja«, sagte der Junge, der noch nicht lesen konnte. Er starrte angestrengt auf die Buchstaben und sagte: »Halsband vernichtet Flöhe und Zecken bis zu sechs Monate lang!«

In den Einflussbereich der Stimme Gottes zu gelangen bedeutet im Tiefsten verändert zu werden.

Oswald Chambers

Macht euch keine Sorgen! Ihr dürft Gott um alles bitten. Sagt ihm, was euch fehlt, und dankt ihm! Gott wird euch seinen Frieden schenken, den Frieden, der all unser Verstehen, all unsere Vernunft übersteigt, der unsere Herzen und Gedanken im Glauben an Jesus Christus bewahrt. *Philipper 4,6-7; Hfa*

KAPITEL 12

Der große Graben

Was ihr sagt, soll für jeden gut und hilfreich sein, eine Wohltat für alle. Sonst beleidigt ihr den Heiligen Geist, den Gott euch gegeben hat. Er ist doch euer Bürge dafür, dass der Tag der Erlösung kommt, an dem ihr von aller Sünde befreit seid. Mit Bitterkeit, Jähzorn, Wut, gehässigem Gerede oder anderen Gemeinheiten sollt ihr nichts mehr zu tun haben. Seid vielmehr freundlich und barmherzig, immer bereit, einander zu vergeben, so wie Gott euch durch Jesus Christus vergeben hat.
Epheser 4,29-32

Ich begann den Tag auf einem seelischen Tiefpunkt. Ich quälte mich aus dem Bett, las mit wenig Begeisterung in der Bibel, während ich an einer dampfenden Tasse französischen Vanillekaffees nippte. Ich glaube, jemand im Laden muss einen schlechten Scherz gemacht haben, indem er koffeinfreien Kaffee in den normalen Kaffeebehälter getan hat, denn dreißig Minuten später fühlte ich mich immer noch wie eine Schnecke, die keine Lust hat, sich zu bewegen. Was konnte ich schon tun, wenn noch nicht einmal Kaffee half, meinen Kreislauf anzukurbeln?

Ich machte Frühstück für die Kinder, gab ihnen einen Kuss, verabschiedete sie zu ihrem ersten Schultag nach den

Ferien und setzte mich an meinen Computer, um zu schreiben. Es kam nichts. Absolut nichts. Gähnende Leere auf dem Bildschirm, was meine Stimmung nicht gerade verbesserte.

Ich wusste, dass meine Reserven von einem aktiven Sommer mit der Familie ziemlich erschöpft waren. Dazu bedeutete der Beginn eines neuen Schuljahres auch zusätzlichen Stress für mich. Es gab einfach eine Menge zu tun: Schulartikel und neue Anziehsachen besorgen, Friseurtermine, neue Stundenpläne mit dem Familienalltag koordinieren, Sportmannschaften begutachten, stapelweise Formulare ausfüllen und neue Lehrer kennen lernen. Ich weiß, es ist das Gleiche, was jede andere Mama in Amerika auch tun muss. Ich nehme an, ich war diesmal besonders angespannt, weil zwei meiner Kinder in neue Schulen gingen und das dritte einen neuen Direktor bekommen hatte. Ich hoffte und betete, dass die Veränderungen positiv sein würden.

»Was ich brauche, ist frische Luft und Blut im Gehirn«, murmelte ich. Also öffnete ich das Fenster, und ein Lufthauch von zehn Grad kühlte mein Büro ab. Ich überlegte, dass etwas körperliche Bewegung auch nicht schaden könnte, deshalb warf ich eine Ladung Handtücher in die Waschmaschine, faltete die bereits saubere Wäsche zusammen, räumte verschiedene Dinge weg und wärmte meinen Kaffee in der Mikrowelle auf.

Zwanzig Minuten später machte ich einen erneuten Versuch.

Nichts.

Herr, ich weiß nicht, was mit mir los ist, aber ich bin einfach nicht ich selbst. Ich bin sicher, dass du mir etwas sagen möchtest, aber ich habe nicht die leiseste Ahnung, was es ist. Bitte, *Gott, sprich zu mir und leite mich heute durch deinen Geist*, betete ich.

Ich saß eine Weile ruhig da und bat Gott mir zu helfen, meine Aufmerksamkeit auf das zu richten, woran ich im Augenblick denken sollte. Langsam erhielt ich Klarheit.

Ich war wütend. Mein Mann und ich hatten am vergangenen Abend einen Streit gehabt, und mir fiel es schwer, die schlechten Gefühle, die das ausgelöst hatte, loszulassen. Eigentlich war es eine Belanglosigkeit gewesen. Wir sollten an einem bestimmten Termin eine Videoserie für Ehepaare filmen. Er war überzeugt, dass er mir das Datum gesagt hatte, aber ich war sicher, dass er es nicht getan hatte. Ich sagte ihm, dass an diesem Wochenende ein auswärtiger Gast kommen würde und dass er diesen Besuch fälschlicherweise an einem anderen Wochenende eingetragen hätte. So mussten wir für die Videoaufnahme einen neuen Termin ausmachen, was uns beiden unangenehm war und den betroffenen Leuten lästig. Keiner von uns war über den anderen glücklich. Jemand hätte einen Lastwagen in der Mitte unseres Doppelbettes parken können und wir hätten es nicht gemerkt. Wir schliefen beide ganz außen am Rand.

Dumm, nicht wahr? Zwei gebildete Erwachsene, die Paare lehren, wie sie Vertrautheit in ihrer Ehe erreichen können, enden in einem Streit über eine schief gelaufene Terminplanung. O ja, wir hatten beide vernünftige Argumente. Aber ich wollte seine nicht hören und er meine nicht. Und glauben Sie ja nicht, dass ich die Vernünftigere von uns beiden war: Dieses Mal wollte ich, dass er sich als Erster entschuldigte. Von meinem Standpunkt aus hatte er den größeren Fehler gemacht. Der Pharisäer in mir war groß und weigerte sich, einen Fingerbreit nachzugeben.

Und das Ergebnis? Entfremdung von meinem Lebenspartner. Lustlosigkeit. Emotionale Erschöpfung. Gebremste Kreativität. Selbsttäuschung. Und den Geist Gottes beleidigt.

Das ist die Macht des Pharisäer-Syndroms. Es macht uns glauben, wir wären fehlerlos, oder zumindest weniger fehlerhaft als andere. Es gibt uns das Gefühl, als wüssten wir es besser. Und als *wären* wir besser. Ich kehrte zu meinem Schreibtisch zurück und las wieder einmal das Gleichnis vom Pharisäer:

> Mit einem Gleichnis wollte Jesus die Leute treffen, die sich gerecht vorkamen und hochmütig auf andere herabsahen:
>
> »Zwei Männer, ein Pharisäer und ein Zolleinnehmer, gingen in den Tempel, um zu beten. Selbstsicher stand der Pharisäer dort und betete: ›Ich danke dir, Gott, dass ich nicht so bin wie andere Leute. Ich bin kein Räuber, kein Gottloser, kein Ehebrecher und schon gar nicht wie dieser Zolleinnehmer da hinten. Ich faste zweimal in der Woche, und von allen meinen Einkünften gebe ich den zehnten Teil für Gott.‹
>
> Aber der Zolleinnehmer blieb verlegen am Eingang stehen und wagte kaum aufzusehen. Schuldbewusst betete er: ›Gott! Vergib mir, ich weiß, dass ich ein Sünder bin!‹
>
> Ihr könnt sicher sein, dieser Mann ging von seiner Schuld befreit nach Hause, nicht aber der Pharisäer. Denn der Stolze wird gedemütigt, und der Demütige wird erhöht werden.« (*Lukas 18,9-14; Hfa*)

Ich seufzte und wandte mich an meinen Vater im Himmel: *Ich glaube, das trifft den Nagel auf den Kopf, Herr. So fühle ich mich heute – wie jemand, der am Boden liegt und nicht den nötigen Schwung hat wieder aufzustehen. Also gut, ich habe die Botschaft verstanden. Ich vergebe John.*

Übrigens war mir eher nach dem Gegenteil zumute, aber ich wusste, ich musste mich dafür entscheiden zu vergeben. Ich wollte mit Gott im Reinen sein und ich wusste, wenn ich nicht auf das reagierte, was Gott mir zeigte, würden die Dinge weder für mich noch in meiner Beziehung zu John besser werden. Ich fühlte die Traurigkeit des Heiligen Geistes über die Härte unserer beider Herzen. Gott *ist* Liebe und alles, was keine Liebe ist, bereitet ihm Kummer.

Da kam mir ein Gedanke: *Es ist wichtiger zu lieben als im Recht zu sein.*

Herr, vergib mir, dass ich wie ein Pharisäer gehandelt habe. Ich verabscheue, wie ich denke *und handle, wenn ich diese Rolle spiele. Ich möchte nicht widerspenstig, stur, eigensinnig, kritisch und fordernd sein. Ich bringe dir mein Bedürfnis Recht zu haben und bitte dich, John und mir zu helfen, die Dinge, die zwischen uns stehen, in Ordnung zu bringen.*

Ich rief John bei der Arbeit an und entschuldigte mich für den Teil, den ich zum Konflikt beigetragen hatte. Er entschuldigte sich für seinen Anteil. Es war kein Dialog für einen Hollywood-Film, kein romantisches Happy End. Und als ich den Hörer auflegte, war ich erstaunt, wie hartnäckig der Pharisäer in mir seine Argumente vorbringen wollte. Ich hoffte immer noch insgeheim, John wäre klar geworden, dass ich im Recht war und er im Unrecht. Meine Güte, Stolz ist wirklich eine harte Nuss!

Ich bin so froh, dass Gott größer ist als unsere dunklen Seiten. Und ich bin dankbar, dass ich in meinem Kampf nicht allein bin. Wir brauchen nur die offenen Worte zu lesen, die Paulus über seine inneren Kämpfe an die Römer schrieb:

> Ich wünsche mir nichts sehnlicher, als Gottes Gesetz zu erfüllen. Dennoch handle ich nach einem anderen Gesetz, das in mir wohnt. Dieser Widerspruch zwischen meiner richtigen Einsicht und meinem falschen Handeln beweist, dass ich ein Gefangener der Sünde bin. Ich stelle also fest: Innerlich stimme ich zwar dem

Gesetz Gottes zu, aber in meinen Taten folge ich dem Gesetz der Sünde. Ich unglückseliger Mensch! Wer wird mich jemals aus dieser Gefangenschaft befreien? (Römer 7,22-24; Hfa)

Und wie er auf das Problem antwortet, lässt mich hoffen:

»Gott sei Dank! Durch unseren Herrn Jesus Christus sind wir bereits befreit … Dabei hilft uns der Heilige Geist in all unseren Schwächen und Nöten.« (Römer 7,25; 8,26; Hfa)

Während meiner Mittagspause später an diesem Tag nahm ich ein Buch zur Hand, in dem ich etliche Wochen nicht mehr gelesen hatte. Zu dem Zeitpunkt war es mir nicht klar, aber nun sehe ich, dass der Heilige Geist meine Wahl gelenkt hat. Er war mit mir noch nicht fertig.

Mit einem Käsebrot in der Hand wandte ich mich einem neuen Kapitel von Henri Nouwens Buch *Nachts bricht der Tag an* zu. Nouwen, ein katholischer Priester, der an der Yale Universität studiert hatte, hatte eine Professur in Harvard inne und bereiste die Welt als bekannter Autor und Referent. Mitten in seiner Karriere ließ er Ansehen und Einfluss hinter sich, um schwer behinderten Menschen in Frankreich zu dienen. Dieses Buch zeichnet seine geistliche Reise während jener Jahre der Veränderung auf. Teile eines Tagebucheintrags forderten mich heraus, erneut über meine fromme Selbsttäuschung nachzudenken.

Es ist schwer für mich, über meine Gefühle zu sprechen, die ich empfinde, wenn ich zurückgewiesen werde oder wenn mir etwas aufgezwungen wird, über meinen Wunsch nach Bestätigung sowie mein Bedürfnis nach Freiraum, mein Gefühl von Unsicherheit und Misstrauen, von Angst und Liebe. Aber als ich mich auf diese Gefühle einließ, entdeckte ich auch das wahre Problem

> – dass ich von einem Freund erwartete, was nur Christus geben kann. (…)
> Ich lernte von neuem, dass Freundschaft den beständigen Willen, einander zu vergeben, erfordert, weil der andere nicht wie Christus ist, und die Bereitschaft, Christus selbst zu bitten, der wahre Mittelpunkt zu sein. Wenn Christus nicht der Mittler in einer Beziehung ist, wird diese Beziehung leicht fordernd, manipulierend, unterdrückend, ein Schauplatz für viele Formen der Zurückweisung. Eine Freundschaft ohne Mittler kann nicht lange dauern; man erwartet ganz einfach zu viel vom anderen und kann dem anderen nicht den Raum, den er oder sie zum Wachsen braucht, zugestehen. Freundschaft erfordert Nähe, Zuneigung, Unterstützung und gegenseitige Ermutigung, aber auch Distanz, Raum zum Wachsen, die Freiheit, anders zu sein, und Zeiten des Alleinseins. Um beide Aspekte einer Beziehung pflegen zu können, müssen wir eine tiefere und dauerhaftere Bestätigung erfahren als jede menschliche Beziehung bieten kann. (…)
> Nur ständiges gegenseitiges Vergeben und eine dauernde Offenheit für Gottes Liebe machen es möglich, in einer Freundschaft zusammenzuwachsen.[5]

Vor dem Mittagessen hatte ich nicht gebetet, dafür beendete ich es nun mit einem Gebet: *Gott, ich vergebe John, dass er nicht ist wie du. Hilf mir, nie mit dem Vergeben aufzuhören und immer für dich und deine Liebe offen zu bleiben. Hilf John, auch zu vergeben. Und bitte befähige mich, ihn so zu lieben, wie du mich liebst.*

Falls es Sie interessiert: Der Rest des Tages war nicht gerade sagenhaft, aber er war ein ganzes Stück besser. Wir strengten uns beide an, die Kluft zwischen uns wieder zu schließen.

John erkannte, dass er überreagiert hatte, und mir wurde klar, dass ich auf seine Überreaktion überreagiert hatte.

Es war kein Happy End, aber wenigstens waren wir auf der gleichen Seite!

Als wir an diesem Abend schlafen gingen, war der Graben in der Mitte unseres Bettes verschwunden, weil wir beide nicht mehr beleidigt waren. Und der Heilige Geist war es auch nicht.

Ein Schlückchen Hoffnung und Humor

Vergeben ist keine gelegentliche Handlung, sondern eine dauerhafte Haltung. *Martin Luther King jr.*

Wenn Gott nicht bereit wäre, Sünde zu vergeben, wäre der Himmel leer. *Deutsches Sprichwort*

Wenn du vergibst, veränderst du in keiner Weise die Vergangenheit, aber du änderst ganz sicher die Zukunft.
Bernard Meltzer

Die schwerste Last, die ein Mensch auf dem Rücken tragen kann, ist eine Ladung Groll.

Da fragte Petrus: »Herr, wie oft muss ich meinem Bruder vergeben, wenn er mir Unrecht tut? Ist siebenmal denn nicht genug?« »Nein«, antwortete Jesus. »Nicht nur siebenmal. Es gibt gar keine Grenze. Du musst bereit sein, ihm immer wieder zu vergeben.«

Matthäus 18,21-22; Hfa

In dem Maß, in dem wir in der Weisheit wachsen, vergeben wir bereitwilliger. *Anne Louise Germaine De-Stael*

Meine Fähigkeit, ein *Instrument* der Gnade Gottes zu sein, wird begrenzt durch meine Bereitschaft, ein *Objekt* der Gnade Gottes zu sein. In dem Maße, in dem ich erlaube, dass er mir meine Hässlichkeit offenbart, in dem Maße wird seine Schönheit durch mich offenbar werden.

Dan Chriestenson

KAPITEL 13

Feiertage

Ein Kluger gibt Acht auf seinen Gang.
Sprüche 14,15

»Die Feiertage werden dieses Jahr Spaß machen«, sagte ich zu John, als ich einen Blick in meinen Terminkalender für Dezember warf. Ich freute mich auf die Weihnachtsvorführungen der Kinder und den Duft von frischen Tannenzweigen und Weihnachtsplätzchen, der durch das Haus ziehen würde. Dazu musste ich Weihnachten nicht, wie an Schultagen, um 5.30 Uhr aufstehen. Schon der Gedanke, dass ich ausschlafen konnte, versetzte mich in Hochstimmung.

Es hat Feiertage gegeben, an denen keines dieser Dinge meine Stimmung gebessert hat – an denen ich gerade noch die Energie aufbringen konnte, den Weihnachtsbaum zu schmücken und ein paar Geschenke für John und die Kinder einzupacken. Während der zwei Jahre, die auf Nathans traumatische Geburt und die Diagnose Down-Syndrom folgten, war ich von einer ständigen leichten Depression geplagt. Ich versuchte, eine positive Einstellung zu haben, aber ich war dennoch traurig. Der Gedanke daran, dass ich einen geistig behinderten Jungen aufziehen sollte, erdrückte mich. Kummer ist Schwerstarbeit und die brauchte den Großteil meiner Energie auf. Das machte die

Weihnachtstage zu einer Belastungsprobe statt zu einer Feier der Freude.

Aber die Dinge ändern sich mit der Zeit und ich glaubte, dass es dieses Jahr anders sein würde. Wir waren besser auf die Situation eingestellt. Unsere Sorge um Nathans Gesundheit war kein Thema mehr und jedes unserer drei Kinder schien gut in der Schule zurechtzukommen.

»Wenn du den Wagen aus der Garage fährst, hole ich den Weihnachtsschmuck vom Dachboden«, sagte ich zu John und gab ihm den Schlüsselbund. Es war Ende November und ich hatte eine Mission: Dieses Jahr würde Weihnachten im Haus der Vredevelts Einzug halten! Nachdem ich mir einen Espresso gemacht hatte, legte ich eine unserer Weihnachts-CDs ein und machte mich an die Arbeit. Wer konnte ahnen, welch schaurige Überraschung auf mich wartete?

Nachdem ich die Treppe zum Dachboden hochgestiegen war, drehte ich das Licht an, überflog die Aufschriften auf den Schachteln und zog hervor, was ich mit nach unten nehmen wollte: zuerst die riesige Girlande, danach die handgeschnitzte Krippenszene und die Kerzenhalter für Weihnachten. Ich konnte es kaum erwarten, den Sims über unserem Kamin zu schmücken, und so suchte ich nach der Schachtel mit der Aufschrift »Weihnachtsstrümpfe Kinder«. Ich spähte in die dunklen Zwischenräume unter den Dachsparren, kniff die Augen zusammen und versuchte, die Aufschrift auf jeder Schachtel ins Blickfeld zu bekommen.

»Aha! Da ist sie ja!«, sagte ich, als ich die Schachtel mit den Strümpfen hinter einigen anderen Gegenständen entdeckte. Ich schob ein paar Sachen aus dem Weg, langte nach der Schachtel, aber meine Arme waren nicht lang genug, und so bekam ich sie nicht richtig zu fassen. Nur noch ein bisschen strecken, dann hast du sie, sagte ich mir.

Ich machte einen weiteren Schritt auf die Schachteln zu. Plötzlich hörte ich, wie es unter meinen Füßen knackte und dann gab auch schon der Boden nach und stürzte unter mir ein. Dichtungsmaterial flog überall herum. Während meines rasanten Abgangs griff ich instinktiv nach den Dachsparren zu meiner Rechten und Linken. Da hing ich nun, die Arme eingehakt an den Dachsparren, auf halber Höhe in unserer Garage baumelnd, genau zwischen zwei Mountainbikes, die an Haken von der Decke hingen.

Wenn ich loslasse, werde ich mich an den Fahrradpedalen verletzen, dachte ich. Ich hatte schon brennende Schmerzen an der Hüfte und in meinen Achselhöhlen sammelten sich mehr und mehr Splitter an.

Ich hatte keine Wahl. »Hilfe! Hilfe!«, schrie ich aus vollem Halse.

Kaum zu glauben, aber alle anderen waren im Haus, wo die Weihnachtsmusik schmetterte und meine Hilfeschreie übertönte.

Endlich hörte Kelli, eine Freundin, die zu der Zeit bei uns wohnte, mein Geschrei und öffnete die Garagentür. Sie schaute nach links. Nichts. Sie schaute nach rechts. Nichts. Durch den Ton meiner Stimme beunruhigt rief sie: »Wo bist du? Ich kann dich nicht sehen!«

»Ich bin hier oben!«, schrie ich. »Beeil dich!«

Als sie hoch schaute, bot sich ihr ein Mitleid erregender Anblick: Sie sah die untere Hälfte meines Körpers, der durch ein zackiges Loch in der Decke der Garage hing.

»Oh ... Oh! Ich komme! Ich komme!«, rief sie. Hektisch rannte Kelli die Treppe hoch und innerhalb von Sekunden hatte sie mich vorsichtig durch das Loch gezogen und in Sicherheit gebracht.

Das soll mir erst mal einer nachmachen: Ich hatte zielsicher den kleinen Teil des Dachbodens gefunden, wo das

Dämmmaterial nicht mit Holzplatten bedeckt war, und war mit vollem Gewicht darauf getreten.

Na ja.

Augenblicke später drängte sich der Rest der Familie neugierig und mit offenen Mündern unter den Mountainbikes und starrte auf das Loch in der Decke. Macht ja gar nichts, dass sie mehr an der aufgerissenen Decke interessiert waren als an ihrer demolierten Mutter!

»Mama, du solltest eigentlich die Treppe benutzen«, zog mich Ben auf.

»Pam, du musst auf den Holzplatten gehen«, sagte John, schüttelte den Kopf und war ziemlich verwirrt über meine artistische Einlage.

Ich fing an zu kichern, weil die Situation so absurd war, und wimmerte gleichzeitig über die Schmerzen in meiner Hüfte. Dann hinkte ich ins Haus, um meine Wunden zu begutachten. Natürlich hatte ich an der linken Hüfte einen gigantischen Bluterguss. Er wechselte die Farbe von lila und blau über schwarz zu grün – nicht gerade ein schöner Anblick. Ich war froh, dass Winter war und ein Bikini nicht zur Debatte stand.

In der nächsten Woche beklagte ich mich bei meinen Praxiskollegen Steve und Craig über mein Missgeschick.

Da Steve ein mitfühlender Therapeut ist, wollte er mir das Gefühl geben, ich sei nicht die Einzige, die sich so ungeschickt anstellte.

»Ich habe einen guten Freund, dem ein ähnliches Missgeschick passiert ist«, sagte er.

Dan und Mandy, erzählte er, waren gerade dabei die Wohnung für Übernachtungsbesuch herzurichten. Mandys Highschool-Freundin würde mit ihrem Mann und Kindern den weiten Weg von Michigan nach Oregon fahren, um ihnen einen zehntägigen Besuch abzustatten. Zu der Zeit waren die Kinder von Dan und Mandy noch nicht in der Schule, und so stellte die Vorbereitung eine gewisse Herausforderung dar. Wie sehr sie auch versuchten, das Haus in Ordnung zu bringen, so waren sie doch immer wieder damit beschäftigt, herumliegendes Spielzeug und andere Sachen von den Kindern wegzuräumen. Außerdem hatte Mandy noch andere Sorgen.

»Dan, ich habe seltsame Geräusche in der Badezimmerdecke gehört«, berichtete Mandy. »Und die Lampen flackern ab und zu. Kannst du bitte mal nachsehen?« Sie wollte sicher sein, dass während des Besuchs ihrer Freunde keine Nager auftauchen würden.

Dan kroch hoch in den Dachboden, um die seltsamen Geräusche zu erforschen. Das war keine einfache Aufgabe für einen starken, stämmigen Mann, der mehr als 1,90 Meter groß war. Mit der Taschenlampe in der Hand steuerte er auf das nordwestliche Ende des Hauses zu.

Mandy war dankbar für seine Hilfe, nahm ihre To-do-Liste in Angriff und begann im Wohnzimmer, das sie in ein Schlafquartier für ihre Freunde umfunktioniert hatten, Staub zu wischen. Sie hatte gerade eine Ecke beendet und kam zur Mitte des Zimmers, als Dan mit einem ohrenbetäubenden Krach durch die Decke brach und dabei Teile von Dämmmaterial durch die Gegend flogen. Mandy wirbelte herum und sah Dans Füße neben ihrem Kopf herumzappeln. Ein Bein war über der Deckenbeleuchtung eingehakt und das andere schien sich verselbstständigt zuhaben wie ein ungesteuertes Flugobjekt.

Mandy war froh, dass sie nicht genau an dieser Stelle gestanden hatte. In diesem Moment kam ihr sechsjähriger Sohn Joseph ins Wohnzimmer, blieb abrupt stehen, taxierte die Lage, stemmte die Hände in die Hüften und sagte vorwurfsvoll: »Papa, du hast unser Haus kaputt gemacht!«

Läuft es nicht oft so? Wir laden Gäste ein, bemühen uns, das Haus tiptop in Ordnung zu bringen, und genau zu diesem Zeitpunkt gibt der Müllschlucker den Geist auf oder die Toilette ist verstopft, so dass der nächste Gast erst mal der Klempner ist. Ähnliches haben wir mehr als einmal in den Weihnachtsferien erlebt. Bis heute weigere ich mich, Kartoffel- oder Zwiebelschalen in den Müllschlucker zu werfen, obwohl die besonders leistungsfähige Ausführung, die wir installiert haben, wahrscheinlich in der Lage ist, Steine zu zerkleinern. Wenn ich kann, versuche ich Probleme zu vermeiden.

Aber manchmal kann man sich einfach nicht auf die drohenden Feiertagsmissgeschicke vorbereiten. Fragen Sie nur meine Freundin Penny.

Penny war neunzehn, als sie eine Stelle als Verkäuferin in einer Buchhandlung annahm. Da sie ein lebhafter Mensch ist, liebte sie es, mit Menschen zu arbeiten, und machte es zu ihrem Ziel, jede Person, die sie bediente, zum Lächeln zu bringen.

Weihnachten war ihre Lieblingsjahreszeit im Laden. Parfümierte Kerzen flackerten sanft und weiße Lichter funkelten, um Kunden herzlich willkommen zu heißen. Weihnachtslieder, die leise im Hintergrund erklangen, beruhigten selbst die hektischsten Kunden – bis zum 24. Dezember. Dann änderte sich die Lage schlagartig. »Friede auf Erden« fand definitiv woanders auf dieser Welt statt. Sobald die Türen aufgeschlossen waren, rasten durchgedrehte Kunden durch den Laden und walzten in einem wilden Ansturm auf die letzten Dinge auf ihren Weihnachtslisten fast das freundliche Personal nieder.

An diesem Abend waren jedermanns Nerven aufs Höchste angespannt, und die Atmosphäre bedurfte dringend einer Entladung. Es war zufällig Penny, die jeden daran erinnerte, dass man schließlich das Fest der Freude feierte.

Der Laden platzte vor Menschen aus allen Nähten. Penny war gerade dabei, jemandem bei einer Buchbestellung behilflich zu sein, und brauchte die Hilfe einer Kollegin, die am Computer Informationen für sie heraussuchen sollte. Diese hatte gerade einen anderen Kunden am Telefon, und so lehnte sich Penny an die Ladentheke und wartete geduldig auf eine Pause im Telefongespräch, um ihre Kollegin um Hilfe zu bitten. Dave, ein anderer Angestellter, bemerkte, dass Penny wartete, und fragte, ob er ihr helfen könne. »Gerne«, sagte sie und machte einen Schritt vom Ladentisch weg auf Dave zu.

Aber etwas stimmte nicht. Als Penny sich umdrehte, verhakte sich der Knopf ihres Wickelrocks in einem Spalt an der Ladentheke. Plötzlich fiel der Rock auf den Boden, und die Kunden, die an der Kasse warteten, starrten Penny an. Als diese Daves entsetztes Gesicht sah, geriet sie in Panik. Dave wurde rot und wandte sich ab, während Pennys Kollegin hinter dem Ladentisch so heftig zu lachen anfing, dass sie das Telefon auflegen musste, weil sie keine Luft mehr bekam.

Im Bruchteil einer Sekunde raste ein Wirbelsturm von Gedanken durch Pennys Kopf. *Was soll ich tun? Wenn ich zum Büro renne, werden mich noch mehr Leute sehen. Aber ich kann mich doch nicht hier im Laden wieder anziehen, vor Gott und jedem, der herumsteht!*

Die Vernunft siegte. Penny bückte sich ruhig, hob ihren Rock hoch, wickelte ihn um ihre Taille, machte den Knopf gut zu und tat so, als wäre nichts Außergewöhnliches vorgefallen.

Da wurde sie durch ein leichtes Klopfen auf ihre Schulter aufgeschreckt. Nervös wirbelte sie herum und schaute in die lächelnden Augen eines Herrn, der während des ganzen Schauspiels in der Schlange gestanden hatte.

»Mann – ihr Mädchen zieht wirklich alle Register, um ein Buch zu verkaufen!«, neckte er.

Zum ersten Mal in ihrem Leben war Penny sprachlos.

Später an diesem Abend verabschiedete ihr Chef sie mit den weisen Worten: »Penny, ich bin froh, dass Sie eine begeisterte Verkäuferin sind, aber wir haben eine Richtlinie hier. Sie müssen Ihre Kleider anbehalten, wenn Sie Kunden bedienen!«

Ein Schlückchen Hoffnung und Humor

Weihnachten begann im Herzen Gottes. Es ist erst vollständig, wenn es die Herzen der Menschen erreicht.

Wie Sie erkennen können, dass Sie PMS haben

1. Jeder um Sie herum hat ein Problem mit seiner Einstellung.
2. Sie essen Ihr Käseomelette mit Schokoladenstreuseln.
3. Der Trockner hat alle Ihre Jeans eingehen lassen.
4. Ihr Mann ist plötzlich mit allem, was Sie sagen, einverstanden.
5. Sie haben Ihr Handy immer griffbereit, damit Sie sich sofort bei jemandem beschweren können, wenn Sie sich ungerecht behandelt fühlen.
6. Die Köpfe Ihrer Mitmenschen erinnern Sie verdächtig an einen Punching-Ball.
7. Sie sind überzeugt, dass es einen Gott gibt – und der ist männlich!
8. Sie zählen die Tage bis zu den Wechseljahren.
9. Sie sind überzeugt, dass jeder es darauf angelegt hat, Sie in den Wahnsinn zu treiben.
10. Das Glas mit Schmerztabletten, das Sie gestern gekauft haben, ist leer.

Hundert Mal Lachen am Tag bringt das Herz genauso in Schwung wie zehn Minuten Training an einem Rudergerät.

Jedes Mal, wenn wir Gott durch uns hindurch andere Menschen lieben lassen, ist Weihnachten … ja, es wird jedes Mal Weihnachten, wenn wir unserem Bruder zulächeln und ihm die Hand reichen. *Mutter Teresa*

Es ist oft genauso heilig zu lachen wie zu beten.
Chuck Swindoll

KAPITEL 14

Die Schrecken eines Heimwerkers

Falls jemand von euch nicht weiß, was der Wille Gottes in einer bestimmten Sache ist, soll er um Weisheit bitten. Ihr wisst doch, wie reich Gott jeden beschenkt und wie gern er allen hilft. Also wird er auch euer Gebet erhören. Betet aber in großer Zuversicht, und zweifelt nicht.
Jakobus 1,5-6; Hfa

Wird Ihre To-do-Liste auch von Minute zu Minute länger? Übersteigen die anstehenden Aufgaben einfach Ihre Kräfte? Fühlen Sie sich völlig überlastet? Zu müde oder gereizt, um zu beten? Ist es Ihnen peinlich, um Hilfe zu bitten? Dann darf ich Sie vielleicht dazu ermutigen, Ihre Unabhängigkeit aufzugeben und auf den zu blicken, der sich danach sehnt, dass Sie sich zuversichtlich seinem Thron der Gnade nähern. Ich denke, Sie werden das Ergebnis lohnend finden. So war es auch bei Marc.

Marc Gale würde sich selbst nicht als erstklassigen Heimwerker bezeichnen, aber er bemüht sich redlich, die anfallenden Reparaturarbeiten im und ums Haus zu erledigen. Eines Tages hatte er fast eine halbe Stunde lang versucht, ein Ventil an seinem Durchlauferhitzer zu öffnen. Keine der normalen Techniken funktionierte. Er musste den Schraubenschlüssel in eine bestimmte Lage bringen und genau den richtigen Druck ausüben. Drückte er zu fest und rutschte weg, würde er seine linke Hand zerquetschen.

Die Arbeit war nicht gerade angenehm. Marc verbrachte dreißig Minuten auf den Knien kauernd, während der Schweiß ihm von den Augenbrauen auf die Brille tropfte. Jeder erfolglose Versuch, das Ventil zu lockern, frustrierte ihn mehr. Schließlich war sein innerer Druck so groß, dass er einen Berg hätte in die Luft sprengen können.

Aus purer Verzweiflung war er fast soweit, den Schraubenschlüssel hinzuschmeißen, als sein neunjähriger Sohn Andrew um die Ecke bog. Andrew strahlte seine übliche Ruhe aus und fragte fröhlich: »Was ist los, Papa?«

Marc wäre seinem Sohn fast an die Gurgel gesprungen, weil er seine Arbeit unterbrach, aber etwas hielt ihn davon ab, ihn anzuschnauzen. Er holte tief Atem, wandte sich Andrew zu und sagte: »Mein Sohn, kannst du bitte für mich beten?«

Ohne zu zögern oder eine Frage zu stellen, ging Andrew zu Marc, legte die Hand auf Marcs Schulter und betete: »Lieber Gott, bitte hilf meinem Papa. Er ärgert sich und braucht bei seiner Arbeit deine Hilfe. Amen.«

Ein weiterer sanfter Stoß an den Schraubenschlüssel und – wumm – öffnete sich das Ventil. Marc sprang auf, umarmte seinen Sohn und rief: »Danke Gott!«

P.S.: Andrew ist inzwischen häufig gerufen worden, wenn Reparaturen im Haus getan werden mussten. Seine Gebete brachten zwar nicht immer die gleichen wunderbaren Ergebnisse (besonders in einem Fall, als die Toilette verstopft war), aber Marcs Frau Diana sagt, es sei gut für Andrew, weiter zu beten. Und das eigentliche Wunder ist Marcs positive Haltung im Umgang mit weniger erfolgreichen Heimwerkerarbeiten.

Ein Schlückchen Hoffnung und Humor

Meine lieben Brüder, bleibt fest und unerschütterlich in euerm Glauben! Setzt euch für den Herrn ganz ein; denn ihr wisst, nichts ist vergeblich, was ihr für ihn tut.

1. Korinther 15,58; Hfa

Vor allem lebt in Frieden miteinander. Außerdem, ihr Lieben, helft denen zurecht, die leichtsinnig in den Tag hineinleben. Ermutigt die Verzagten, helft den Schwachen, und bringt für jeden Menschen Geduld und Nachsicht auf. *1. Thessalonicher 5,13-14; Hfa*

Weil wir aber so eng mit Christus verbunden sind, dass wir uns von solchen Äußerlichkeiten frei wissen, sind wir erst recht dazu verpflichtet, auf die Ängstlichkeit der anderen Rücksicht zu nehmen und nicht selbstgefällig auf die eigene Freiheit zu pochen. *Römer 15,1; Hfa*

Jede edle Arbeit ist zunächst einmal unmöglich.

Thomas Carlyle

Mit kleinen Schlägen fällt man große Eichen.

Henry Ward Beecher

Ich hörte eine Geschichte von einem Mädchen, das sich auf dem Heimweg von der Kirche an ihre Mutter wandte und sagte: »Mami, die Predigt heute Morgen habe ich nicht verstanden.«

»Was hast du daran denn nicht verstanden?«, fragte die Mutter.

Das Mädchen überlegte eine Weile und sagte: »Also, der Prediger hat gesagt, dass Gott größer ist als wir. Stimmt das?«

»Ja, Liebling, das stimmt«, antwortete die Mutter.

»Er hat auch gesagt, dass Gott in uns lebt. Und das stimmt auch?«

Wieder antwortete die Mutter: »Ja, das stimmt auch.«

»Guck mal«, sagte das Mädchen, »wenn Gott größer ist als wir und er in uns lebt, müsste er dann nicht rausgucken?«

KAPITEL 15

Das Wunder in der dritten Reihe

Er rief ein kleines Kind, stellte es in die Mitte und umarmte es. Dann sagte er: »Wer ein solches Kind mir zuliebe aufnimmt, der nimmt mich auf. Und wer mich aufnimmt, der nimmt damit Gott selbst auf, weil Gott mich gesandt hat.«
Markus 9,36-37; Hfa

Charonne war nervös, als am ersten Schultag dreiunddreißig Erstklässler ihr Klassenzimmer betraten. Ein Kind nach dem anderen hängte seine Jacke auf, setzte sich auf seinen Platz und blickte sie an. Als sie die vielen Gesichter überflog, spiegelten die Augen, die sie anschauten, eine ganze Palette von Gefühlen wider: Angst, Aufregung, Neugier waren darunter, und einige hatten auch einen »Ich glaube, ich würde lieber draußen spielen«-Blick. Aber eine Schülerin in der dritten Reihe sendete ein Signal, das sich von den anderen deutlich unterschied. Charonne fragte sich, was wohl hinter der offensichtlichen Angst des Kindes stecken mochte, und bat Gott ihr zu zeigen, wie sie diesem kleinen Mädchen helfen könne, sich sicher zu fühlen.

Jennifer war ein ausgesprochen hübsches Mädchen mit langen, blonden Haaren und großen, blauen Augen. Wenn sie lächelte – was sie nur selten tat – konnte sie jedes Herz zum Schmelzen bringen. Während der Pausen blieb Jennifer gewöhnlich für sich, während der Rest der Klasse in Gruppen spielte. Wenn die anderen Mädchen versuchten, sie mit einzubeziehen, weigerte sie sich, ihre freundschaftlichen Annäherungen zu erwidern. Sie blockte auch Charonnes Versuche, sich ihr zu nähern, ab wie lästige Moskitos in einer heißen Sommernacht. Anrufe bei den Eltern des Mädchens wurden nie beantwortet. Es schien eine unmögliche Aufgabe, die Mauern um Jennifers Herz zu durchdringen.

Herr, warum ist dieses kleine Mädchen so traurig? Was muss ich tun, um ihr zu helfen?, betete Charonne.

Die einzige Antwort, die sie bekam, war: *Sie braucht deine Liebe.*

Jennifers Eltern kamen nicht zu den Elternsprechtagen im Oktober. Im November hatte die Schule einen Tag der offenen Tür. Die Kinder entwarfen persönliche Mappen und sammelten besondere Blätter, die sie ihren Eltern zeigen wollten. Da Jennifer wusste, dass niemand kommen würde, nahm sie ihre Mappe mit nach Hause. So ging es das ganze Jahr. Charonne versuchte sogar, Kontakt mit der Tante aufzunehmen, die Jennifer in der Schule angemeldet hatte, aber ohne Erfolg.

Herr, ich weiß, es gibt einen Grund dafür, dass du Jennifer in meine Klasse gebracht hast. Ich weiß, du willst, dass ich sie liebe, aber ich fühle mich so unfähig. Ich weiß nicht, wie ich die Mauern durchbrechen soll. Ich weiß nicht, wie ich sie so lieben soll, wie sie es braucht.

Es war eine schwierige Aufgabe für eine junge Lehrerin, die frisch von der Universität kam. Charonne war angestellt worden, um Lesen, Schreiben und Rechnen zu lehren; die Universität hatte ihr nicht beigebracht, wie man komplexe Probleme wie dieses löste. Es gab Nächte, in denen sie nicht schlafen konnte, weil der Schmerz, den sie in den Augen des kleinen Mädchens las, ihr keine Ruhe ließ. Aber sie betete ständig für die Kinder und versuchte, sie tagaus, tagein, so gut sie konnte, zu lieben.

Kurz vor dem Erntedankfest geschah dann etwas Seltsames. Charonne las der Klasse eine Geschichte vor. Die Schüler waren um sie herum versammelt und Jennifer saß wie sie auf dem Boden. Mitten in der Geschichte stand Jennifer ruhig auf, schob das Buch, aus dem Charonne vorlas, zur Seite und krabbelte auf Charonnes Schoß. Nachdem sie ihren Kopf an Charonnes Brust gelegt hatte, schob sie das Buch wieder an seinen Platz, steckte den Daumen in den Mund und gab Charonne zu verstehen, dass sie weiter lesen könne. Charonne legte sanft ihren Arm um das arme kleine Mädchen und versuchte angestrengt, den dicken Kloß hinunterzuschlucken, der ihr plötzlich im Hals saß.

Irgendwie schaffte sie es, sich zusammenzureißen und die Geschichte zu beenden. Dies passierte einige Male in diesem Jahr. Die anderen Kinder in der Klasse hatten anscheinend ein außergewöhnliches Verständnis für Jennifers Bedürfnisse. Nicht eines von ihnen sagte je ein Wort oder machte eine Bemerkung über ihr Benehmen beim Geschichtenvorlesen.

In diesem Jahr wurde es früh bitter kalt und im frühen Dezember war der Boden mit Schnee bedeckt. Jennifer kam zur Schule und hatte als Schutz gegen die rauen Elemente nur einen dünnen Pullover an.

»Hast du keinen Mantel?«, fragte Charonne.

»Nein«, kam die schnelle Antwort. »Aber das macht nichts. Mir wird nicht kalt.«

Nach einigen erfolglosen Versuchen, Jennifers Eltern zu erreichen, brachte Charonne einen Mantel mit zur Schule und gab ihn Jennifer. Jennifer und der Mantel wurden unzertrennlich. Anstatt ihn bei den Jacken der anderen Kinder aufzuhängen, klammerte sie sich an den Mantel, als wäre es der einzige, den sie in ihrem Leben je bekommen würde. Sie ließ ihn nie aus den Augen. Wenn sie im Klassenzimmer war, legte sie ihn stets sorgfältig auf ihren Schoß oder klemmte ihn sich fest unter den Arm.

Die Weihnachtsferien kamen und die Kinder sprudelten über vor Freude, wenn sie über die Geschenke redeten, die der Weihnachtsmann ihnen bringen sollte. Jennifer sagte nichts. Als die Schüler sich in die zweiwöchigen Weihnachtsferien verabschiedeten, brach Jennifer ihr Schweigen. »Ich möchte nicht gehen.«

Charonne blickte das Kind erstaunt an. Sie fragte Jennifer, ob ihre Mutter kommen würde, um sie abzuholen.

»Nein, mein Papa kommt, weil er gerade seinen Job verloren hat«, antwortete sie. Sie fragte, ob sie auf Charonnes Schoß sitzen dürfe.

Charonne half Jennifer, den Reißverschluss an ihrem Mantel zuzumachen, umarmte sie und zog sie dann auf ihren Schoß. Sie saßen eine Zeit lang still da, dabei hatte Jennifer ihre Arme fest um Charonnes Hals geschlungen. Dann sprang das kleine Mädchen vom Schoß ihrer Lehrerin herunter und lief zur Tür des Klassenzimmers hinaus. Charonne wollte sie bis zur Eingangshalle begleiten, aber Jennifer sagte: »Nein! Bitte bleiben Sie hier!«

Charonne respektierte Jennifers Bitte und ging zum Fenster, um ihr zum Abschied zu winken. Es war schwer für sie zuzuschauen, wie das süße kleine Mädchen Tränen von den Wangen wischte, als sie in das Auto ihres Vaters kletterte.

Nach den Ferien kam Jennifer nicht wieder. Der Direktor sagte, die Familie sei weggezogen. Charonne war niedergeschlagen, denn sie hatte während der ereignisreichen Ferien nicht für Jennifer gebetet. Das Geschichtenvorlesen machte keinen Spaß mehr, und die ganze Klasse schien zu fühlen, dass etwas fehlte. In wenigen Monaten hatte das kleine Mädchen aus der dritten Reihe Spuren in den Herzen ihrer Mitschüler hinterlassen und alle vermissten sie.

Ende Januar erschien Jennifer dann ganz plötzlich wieder in der Klasse. Sie sagte nicht, wo sie gewesen oder warum sie weg geblieben war. Als sie gefragt wurde, wurde deutlich, dass sie nicht darüber sprechen wollte. Die Kinder respektierten ihren Wunsch und behandelten sie einfach so wie vorher.

Als Charonne ihren Lehrauftrag für das kommende Jahr bekam, eine gemischte Klasse von Erst- und Zweitklässlern, war Jennifer wieder auf ihrer Liste. Charonne freute sich auf die Gelegenheit, dem emotional labilen kleinen Mädchen ein weiteres Jahr lang helfen zu können.

Jennifer war ein intelligentes Kind und lernte schnell. Mathe und Lesen fielen ihr leicht und sie versuchte nach Kräften, Charonne in allem, was sie tat, Freude zu machen. Sie war immer als Erste in der Klasse mit ihren Aufgaben fertig und fragte oft, ob sie Charonne bei etwas helfen könnte. Nach der Schule blieb Jennifer normalerweise im Klassenzimmer, da sie oft sehr spät abgeholt wurde. Charonne nutzte die Zeit dazu, mit Jennifer zu plaudern, ihr Selbstwertgefühl zu stärken und Samen der Hoffnung in ihr Herz zu pflanzen.

Am letzten Schultag vor den Sommerferien stand Charonne an der Tür, sprach ermutigende Worte und umarmte die Kinder, während sie ihnen auf Wiedersehen sagte. Nachdem all die anderen Kinder gegangen waren, kam Jennifer wieder auf Charonne zu und bat, auf ihrem Schoß sitzen zu dürfen. Zu Charonnes großer Bestürzung schlang das Mädchen die Arme um ihren Hals und begann, heftig zu schluchzen.

Nachdem sie sehr lange gewartet hatte, kam Jennifers Mutter schließlich zum Klassenzimmer, um sie zu holen.

Als Charonne aufstand, um die Mutter zu begrüßen, gab diese keine Antwort. Sie wandte sich nur Jennifer zu und sagte scharf: »Komm jetzt, Jenny!«

Jennifer ließ die Hand ihrer Lehrerin los, nahm ihre Sachen und umarmte Charonne noch einmal, bevor sie schweigend das Zimmer verließ. Charonne stand da und fröstelte. Sie konnte gar nicht fassen, was gerade passiert war. In einem letzten Versuch, Kontakt zu Jennifers Familie aufzunehmen, rief sie der Mutter noch einmal nach, aber diese drehte sich um und rief ärgerlich: »Sie haben mit ihr in der Schule zu tun und ich zu Hause«, bevor sie ihre Tochter in die Eingangshalle hinunterzerrte. Die Worte taten weh. Da Charonne Jennifers Verlegenheit bemerkte, lächelte sie und nickte dem kleinen Mädchen zu, als ob sie sagen wollte: »Ist schon gut, mein Schatz – ich verstehe.«

Während der Sommerferien rief Jennifer Charonne zweimal zu Hause an. Die Gespräche am Telefon waren kurz und beide Male erwähnte Jennifer, sie könne kaum erwarten, dass die Schule im Herbst wieder anfing.

Als das neue Schuljahr kam, staunte Charonne darüber, wie ihre zurückgekehrten Schüler gewachsen waren und sich entwickelt hatten. Der Sommer hatte ihnen allen gut getan. Jedem, außer Jennifer. Sie schien unnahbarer, der Umgang mit den anderen Kindern fiel ihr wieder schwerer und sie begnügte sich damit zu beobachten, anstatt am Geschehen teilzunehmen.

Der Herbst verging schnell. An einem Nachmittag kurz vor den Weihnachtsferien rannten die Kinder, um ihre Mäntel zu holen und zum Auto zu kommen. Jennifer umarmte Charonne zum Abschied und rannte dann hinunter in die Eingangshalle und zur Tür hinaus.

Als Charonne zu ihrem Schreibtisch zurückging, lag da ein zerfetzter, schmutziger Umschlag, auf dem stand: »Für meine Lehrerin, um es für immer aufzubewahren.«

Charonne öffnete ihn vorsichtig. Drinnen war ein kleines Bild von Jennifer. Charonne wusste zu dem Zeitpunkt nicht, dass Jennifer nie mehr zurückkehren würde. Wieder verschwanden sie und ihre Familie plötzlich, ohne irgendeine Erklärung in der Schule abzugeben.

Viele Jahre kamen und gingen. Und dann klingelte eines Nachmittags das Telefon und Jennifer war am anderen Ende der Leitung. Sie rief an um zu hören, wie es Charonne ging, und bat sie, ihr alles über ihre Schüler und ihre Familie zu berichten. Charonne erzählte ihr von der Geburt ihrer zwei Söhne. Sie telefonierten einige Minuten und dann unterbrach Jennifer plötzlich das Gespräch. »Ich hab dich lieb. Auf Wiederhören«, sagte sie. Eine Wolke der Traurigkeit überkam Charonne. Erneut war dieses sensible Mädchen in ihr Leben getreten und dann ohne Vorwarnung wieder verschwunden.

Über die Jahre betete Charonne für Jennifer und behielt ihr Bild in ihrer Brieftasche zusammen mit anderen kostbaren Familienfotos. Einmal verlegte Charonne ihre Handtasche. Nachdem sie an jedem denkbaren Platz gesucht hatte, gab sie die Hoffnung auf und betete, dass Gott irgendwie ihre Brieftasche wiederbringen würde.

Über ein Jahr verging, bis Charonne ein großer Umschlag ohne Absender zugestellt wurde. Darin fand Charonne ihre Brieftasche unversehrt mit all ihren Bildern am richtigen Platz, auch das von Jennifer. Sie nahm Jennifers Bild aus der alten Brieftasche und tat es in die neue, und wieder betete sie für das kleine Mädchen, das einst in der dritten Reihe gesessen hatte.

Neunzehn Jahre später war Charonne als Referentin bei einer Konferenz für Frauen eingeladen. Während sie am Ende eines Vortrags ihre Unterlagen einsammelte, näherte sich ihr eine schöne junge Frau. »Können Sie sich an mich erinnern?«, fragte sie und reichte Charonne die Hand.

Als Charonne das unbekannte Gesicht nach einem Hinweis absuchte, lösten die Augen der Frau das Rätsel. Sie blickte in die gleichen wunderschönen Augen, die sie von der dritten Reihe in ihrem Klassenzimmer angeschaut hatten. »Natürlich!«, rief Charonne freudig aus. »Ich weiß, wer Sie sind – Sie sind Jennifer!«

Während sie sich umarmten und lachten und weinten, enthüllte sich ihr die Geschichte eines gebrochenen kleinen Mädchens. Jennifers Mutter war gestorben, als Jennifer vierzehn war, und ließ Jennifer und ihren jüngeren Bruder in den Händen eines grausamen Stiefvaters. Jennifer dachte oft daran, vor seinen brutalen Wutanfällen und dem sexuellen Missbrauch davonzulaufen, aber sie fürchtete um das Leben ihres kleinen Bruders. Um seinetwillen war sie geblieben.

Charonne hielt Jennifers Hand und hörte aufmerksam zu.

»Während einer Freizeit im Sommer habe ich Jesus kennen gelernt. Trotz all der schlimmen Dinge, die passierten, wusste ich immer, dass da jemand war, der mich liebte und dass dieser jemand meine Lehrerin war. Aber als Ihre Arme nicht für mich da waren, fing Gott mich auf. Als ich nicht mehr auf Ihrem Schoß sitzen konnte, kletterte ich auf seinen.«

Jennifer machte eine Pause, wischte sich die Tränen aus den Augen, schluckte schwer und fragte: »Haben Sie es aufbewahrt?«

Erinnerungen an den zerfetzten, schmutzigen Umschlag, der vor fast zwanzig Jahren auf ihrem Schreibtisch gelegen hatte, tauchten auf. Charonne griff in ihre Handtasche, zog die Brieftasche heraus und öffnete sie, so dass man Jennifers Foto sehen konnte. Sie lächelte: »Ja, Jennifer. Ich habe es immer aufbewahrt.«

Ein Schlückchen Hoffnung und Humor

Gott trägt dein Bild in seiner Brieftasche. *Tony Campolo*

Wenn ich auf meine dunkelsten Zeiten zurückschaue, erkenne ich, dass dies die Zeiten waren, in denen der Herr mich besonders fest an sich gedrückt hat. Aber ich konnte sein Gesicht nicht sehen, weil ich mein Gesicht an seiner Brust verbarg und weinte. *John Michael Talbot*

Gott liebt jeden von uns, als ob es nur einen von uns gäbe. *Augustinus von Hippo*

Die Hilflosen bestürmen dich mit ihren Bitten.
Du, Herr, erhörst sie und schenkst ihnen neuen Mut. *Psalm 10,17; Hfa*

Gottes Liebe macht nur Sinn, wenn er als Person (nicht als Automat) gesehen wird. Er startet nicht das Auto für dich; aber er kommt und sitzt mit dir in der Schneewehe.

Robert F. Capon

Gott wirkt mächtig, aber meistens behutsam und allmählich.

John Newton

Darum knie ich nieder vor Gott, dem Vater, und bete ihn an, ihn, dem alle Geschöpfe im Himmel und auf der Erde ihr Leben verdanken. Ich bitte Gott, dass er euch aus seinem unerschöpflichen Reichtum Kraft schenkt, damit ihr durch seinen Geist innerlich stark werdet und Christus durch den Glauben in euch lebt. In seiner Liebe sollt ihr fest verwurzelt sein; auf sie sollt ihr bauen. Denn nur so könnt ihr mit allen anderen Christen das ganze Ausmaß dieser Liebe erfahren, die wir doch mit unserem Verstand niemals fassen können. Dann wird diese göttliche Liebe euch immer mehr erfüllen. Gott aber kann viel mehr tun, als wir von ihm erbitten oder uns auch nur vorstellen können. So groß ist seine Kraft, die in uns wirkt.

Epheser 3,14-20; Hfa

KAPITEL 16

Ein Traum wird wahr

Jesus sagte: »Bittet, so wird euch gegeben.«
Matthäus 7,7

Ich nehme an, jedes junge Mädchen träumt davon, dass ein Ritter in glänzender Rüstung ihr Herz im Sturm erobert. Aber wir definieren die glänzende Rüstung alle verschieden. Manche Mädchen wünschen sich einen gut aussehenden Jungen, der einfach nett ist. Andere sehnen sich nach einem musikalischen Genie, einem einflussreichen Broker der Wall Street oder nach dem nachdenklich-poetischen Typ.

Meine Tante, Charlene Walker, betete für etwas ganz anderes. Ihre Geschichte erinnert mich immer daran, dass der Herr die einfachen Gebete eines Kindes hört. Wie Sie sehen werden, antwortete er in diesem Fall auf sehr kreative Weise. Lassen Sie sich von Charlenes Geschichte ermutigen: Ihre Träume sind Gott wichtig – unterschätzen Sie nie seine Fähigkeit, sich einen wunderbaren Plan für Ihr Leben auszudenken.

Als ich ein junges Mädchen war, erfuhr ich, dass ich die seltenste Blutgruppe hatte, nämlich AB, Rhesusfaktor negativ. Ein extrem geringer Prozentsatz der Bevölkerung hat diese Blutgruppe. In jenen Tagen stellte dies ein ernsthaftes Problem für Frauen im gebärfähigen Alter dar, weil Antikörper, die sich normalerweise in rhesusnegativem Blut bilden, Babys in der Gebärmutter schaden können.

Es gab keine medizinische Behandlung, die diesen Prozess verhindern konnte. Mit jeder neuen Schwangerschaft vermehren sich die Antikörper im Blut und stellen ein Risiko für das Leben des Babys dar. Mein Arzt teilte mir mit, dass ich, falls ich nicht einen Mann mit rhesusnegativem Blut heiratete, höchstwahrscheinlich nicht mehr als ein Kind haben könnte.

Dies waren bedrückende Neuigkeiten für mich, ich war nämlich ein Einzelkind und wollte einmal eine große Familie haben. Als ich zwei Jahre alt war, war mein Bruder ertrunken, und meine Mutter hatte vier Babys verloren aufgrund von Komplikationen, die mit dem Rhesusfaktor zusammenhingen. Als ich die Praxis des Arztes verließ, war ich sehr beunruhigt, aber ich wandelte meine Angst in ein Gebet um: Ich bat Gott, mir doch bitte einen Mann mit der richtigen Blutgruppe zu geben, wenn ich erwachsen sein würde.

Viele Jahre vergingen. Ich beendete meine Krankenpflegeausbildung und arbeitete in einem Krankenhaus, als ich einen Brief von einem jungen Mann erhielt, der in Übersee war und Jim hieß. Ich hatte ihn nie getroffen, aber sein Kumpel beim Militär war ein Studienkollege von mir. Er hatte mein Bild in der Brieftasche seines Kumpels gesehen und fragte sich, ob ich »eine treue amerikanische Staatsbürgerin« sei, die einem einsamen Soldaten in Korea schreiben würde.

Zwei Jahre lang schickte ich Jim Karten zu besonderen Anlässen und wir tauschten Briefe und Bilder aus.

Schließlich versetzte die Armee ihn zurück in die Vereinigten Staaten, wo er als Offizier beim Schießstand tätig war. Er stand jeden Morgen um fünf Uhr auf, um den Schießstand aufzubauen. Während der Zeit, in der er auf die Truppen wartete, schrieb er mir treu jeden Tag einen herzlichen Brief. Durch den Briefwechsel lernten wir einander gut kennen und beschlossen schließlich, uns persönlich zu treffen.

Jim nahm während der Weihnachtsfeiertage im Jahr 1955 Urlaub. Ich erinnere mich immer noch an seine ersten Worte. Mit einem strahlenden Lächeln und einer überschwänglichen Umarmung sagte er: »Du bist ja noch hübscher als auf den Bildern!« Drei Tage später bat er mich, ihn zu heiraten. Ich glaube nicht, dass er mit meiner Antwort gerechnet hatte.

»Jim«, platzte ich heraus, »ich kann nur einen Mann heiraten, dessen Blut Rhesusfaktor negativ hat!«

Er fing an zu lachen und antwortete: »Er steht vor dir, Kleines!«

P.S.: Jim und Charlene heirateten am 29. Juni 1956 und heute haben sie vier Kinder und sechzehn Enkel. Sie beten täglich für jede Generation und auch für die zukünftigen Lebenspartner ihrer Enkelkinder.

Ein Schlückchen Hoffnung und Humor

In einer vollkommenen Welt bekämen Männer nicht die Erlaubnis, Auto zu fahren, weil sie dazu neigen, ihr Revier abzustecken, und Frauen wäre der Zugang zu Fernbedienungen nicht gestattet. Der Instinkt, sich irgendwo häuslich einzurichten, ist einfach zu stark. *Dan Chriestenson*

Ein Ehepaar, das fünfundzwanzig Jahre verheiratet war, feierte gemeinsam ihren sechzigsten Geburtstag. Während des Festes erschien eine Fee und sagte, sie würde ihnen, weil sie all die Jahre solch ein liebendes Ehepaar gewesen seien, einen Wunsch erfüllen.

Die Frau wollte um die Welt reisen. Die Fee schwenkte ihren Zauberstab und schwupp! – hatte sie die Flugtickets in der Hand.

Darauf war ihr Mann an der Reihe. Er zögerte einen Augenblick und sagte dann schüchtern: »Nun, ich wäre gerne mit einer dreißig Jahre jüngeren Frau verheiratet.«

Die Fee nahm ihren Zauberstab und schwupp! – war er neunzig!

Jedes Mal, wenn ich der Realität die Tür vor der Nase zuschlage, kommt sie durchs Fenster herein.

Jennifer Unlimited

Eine meiner Patientinnen war mit ihrer Weisheit am Ende, da sie ständig von ihrem Chef belästigt wurde. Während sie die Schnellstraße entlang fuhr, betete sie: *O Gott, was soll ich bloß tun?*

Kaum hatte sie diese Worte ausgesprochen, fuhr ein Lastwagen mit Schädlingsbekämpfungsmitteln an ihr vorbei, der ein riesiges Schild an der Heckscheibe hatte mit der Aufschrift: *Die Hilfe ist schon unterwegs!* Wer sagt, Gott hätte keinen Sinn für Humor?

Gott ist ein und derselbe Herr, der aus seinem Reichtum alle beschenkt, die ihn darum bitten. *Römer 10,12; Hfa*

KAPITEL 17

Darf ich nachschenken?

... er sättigt die durstige Seele und die Hungrigen füllt (er) mit Gutem.
Psalm 107,9

»Ja, ich komme zu dem Interview«, teilte ich der Radiostation mit und notierte *Radiosendung – 5.30 Uhr* auf der September-Seite in meinem Kalender. Eine Radiostation an der Ostküste wollte eine Live-Talkshow machen und dabei mein Buch *Leere Arme* vorstellen. Ich hatte es geschrieben, um Eltern zu trösten und zu unterstützen, die nach dem Tod eines Babys durch Totgeburt, eine Fehlgeburt oder Eileiterschwangerschaft eine schwere, leidvolle Zeit durchlebten.

Am Abend vor der Sendung stellte ich die Zeitschaltuhr an der Kaffeemaschine ein und meinen Wecker auf 5 Uhr morgens, so würde ich hellwach, mit Kaffee abgefüllt und bereit für das Interview sein. Es war noch immer dunkel draußen, als die Gastgeberin der Sendung anrief, um mit mir über die Enttäuschung und den Kummer zu sprechen, den man beim Verlust eines Babys empfindet. Als sie mich bat, über den Tod unseres Kindes zu sprechen, waren die

Erinnerungen lebendig und frisch, obwohl seit unserem Verlust siebzehn Jahre vergangen waren.

»Heilt die Zeit wirklich alle Wunden?«, fragte sie. »Können Sie an Ihr Baby denken ohne zu trauern?«

»Die Heilung geschieht allmählich, über eine längere Zeitspanne hinweg«, sagte ich. »Früher sagte man, der Trauerprozess dauere in der Regel zwischen achtzehn und vierundzwanzig Monaten. Heute rechnet man viel länger – fünf Jahre und mehr, und dabei kommt es auf die Art des Verlustes an, den wir erlitten haben.«

Ich dachte über meine eigene Erfahrung nach: »Sieben Jahre lang habe ich jedes Jahr getrauert, wenn der 4. Februar kam. Das war der Tag, an dem ich ins Krankenhaus ging, unser Baby zur Welt brachte und mit leeren Armen heimkam. Erst acht Jahre nach diesem Tag stellte ich fest, dass der 4. Februar gekommen und vergangen war und die schmerzlichen Erinnerungen nicht aufgetaucht waren. Zwischen mir und diesem Verlust liegen nun siebzehn Jahre und, obwohl ich mich deutlich an die Ereignisse erinnern kann, hat der Schmerz viel von seiner Macht verloren.«

Wir sprachen weiter über die emotionale und geistliche Verwirrung, die Eltern empfinden, wenn ein Baby stirbt, und ich versuchte, Worte der Unterstützung und des Trostes für die Hörer zu finden. Als das Interview vorbei war, begab ich mich an die anderen Aufgaben des Tages.

Überspringen wir drei Wochen. Ich war am Ende eines anstrengenden Tages angelangt und war ziemlich bedrückt. John war am Morgen weggeflogen, um mit drei Freunden in Alaska angeln zu gehen. Ich hatte mich von ihm verabschiedet, die Kinder in die Schule geschickt und war anschließend in unsere Praxis gefahren, denn dort wartete ein Arbeitstag voller Beratungstermine auf mich.

Nach zwei Sitzungen erhielt ich einen Anruf von Nathans Schule. Immer wenn die Schule anruft, krampft sich mir der Magen zusammen, was mit einigen seiner früheren Streiche in der Schule zusammenhängt. (Sie können die lebensnah geschilderten, haarsträubenden Einzelheiten einiger dieser Geschichten in meinem Cappuccino-Band nachlesen.)

»Es ist die Schulkrankenschwester«, sagte mir meine Assistentin Betty.

Ich nahm den Hörer ab. »Hallo, hier ist Pam Vredevelt«, sagte ich und hielt den Atem an.

»Es hat den Anschein, dass Nathan einen Ausschlag am Nacken hat«, sagte die Krankenschwester. »Hatte er schon die Windpocken?«

Ich versicherte ihr, dass er bereits Windpocken gehabt habe und dass der Ausschlag darauf zurückzuführen sein könnte, dass er am Vorabend das Shampoo nicht gut genug aus seinem Haar gespült hatte. Er hatte seine Haare allein waschen wollen, und wir ließen ihn. Dumm gelaufen.

»Sie müssen kommen und ihn holen, weil wir nicht wissen, was das für ein Ausschlag ist oder ob er ansteckend ist.«

Ich hatte einen Termin nach dem anderen. John war nicht in der Stadt. Und nun dies. »Ich muss ein paar Anrufe machen, dann werde ich mich wieder bei Ihnen melden. Ich weiß nicht, wie ich das organisieren soll«, sagte ich ihr. Ich rief einige Freundinnen an, die normalerweise in einem Notfall wie diesem einspringen würden. Eine Freundin war im Krankenhaus mit ihrer Tochter, die mitten in einer schwierigen Untersuchung war. Eine andere brachte gerade ihren kranken Hund zum Tierarzt. Zwei andere nahmen nicht ab.

Ich rief wieder in der Schule an, um die Krankenschwester wissen zu lassen, dass ich daran arbeitete, etwas zu organisieren, aber sie teilte mir mit, dass ich Nathan *jetzt* abholen müsse. Die Krankenstation der Schwester sei überfüllt mit Kindern, und die Bestimmungen ließen nicht zu, dass Nathan mit einem Ausschlag in die Klasse zurückkehrte.

Ich hatte keine andere Wahl als meine Termine abzusagen, Nathan zu holen und ihn zum Arzt zu bringen. Nur um herauszufinden, dass es eine einfache nicht ansteckende Dermatitis war. Zu dem Zeitpunkt, als wir die Arztpraxis verließen, machte ich mir bereits ins Hemd, wie meine Großmutter es immer nannte. Es war ihre Art zu sagen, dass ich in Panik ausbrach. Und wie Nathans Ausschlag breitete die sich schnell aus!

Der Ärger hörte damit aber noch nicht auf. Als ich meinen Sohn Ben mit dem Auto zum Fußballtraining brachte, fuhr ein Typ mit seiner alten Kiste zu dicht auf. Ich trat aufs Bremspedal und hoffte, er würde das Signal verstehen und nicht mehr so dicht auffahren. Er tat es nicht. Stattdessen scherte er in die rechte Spur aus und trat das Gaspedal voll durch. Doch ein anderes Auto war vor ihm und hinderte ihn wirkungsvoll daran, an mir vorbeizufahren. Was tat er also? Er bremste, schob sich mit seinem Auto wieder hinter mich und fuhr noch dichter auf. Eine Stimme in mir sagte, dass das kein gutes Zeichen war.

Wir fuhren Richtung Norden und näherten uns einer Hauptkreuzung, als ein Polizeiauto, das Richtung Westen fuhr, mit Blinklicht und Sirenengeheul über eine rote Ampel fuhr. Der Fahrer vor mir latschte plötzlich auf die Bremse und ich wiederum trat auf die meine, um einen Zusammenstoß zu vermeiden. Aber der Kerl hinter mir war zu dicht aufgefahren. Sie haben es erraten: Bevor ich blinzeln konnte, war das Heck meines Autos Geschichte.

Um es vornehm zu sagen: Es war kein guter Tag. Ich packte am Abend die Kinder ins Bett, kroch in mein eigenes, steckte den Kopf unter die Bettdecke und wollte mit niemandem mehr etwas zu tun haben. Der nächste Tag konnte eigentlich nur besser werden.

Der Morgen kam, die Kinder gingen in die Schule und ich ließ mich auf meinen Schreibtischstuhl fallen, um ein Kapitel für dieses Buch zu schreiben. Ich arbeitete an einzelnen Teilen, die ich in der Woche zuvor begonnen hatte, aber es war einer jener Tage, an denen meine Gehirnströme so zäh waren wie angetrockneter Sirup und meine Bewegungen entsprechend steif und ungeschickt waren. Nach einigen Stunden schaltete ich schließlich meinen Computer aus und fragte mich, ob die Zeit überhaupt sinnvoll investiert gewesen war.

Ich seufzte entmutigt und beschloss, die Post durchzusehen. Da, mitten in dem Stapel von Umschlägen, lag der Brief einer Frau von der Ostküste. Sie hatte die Radiosendung vor einigen Wochen gehört. Es stellte sich heraus, dass sie *Leere Arme* vor fünfzehn Jahren nach dem Verlust ihres zweiten Babys gelesen hatte. Aber das Buch wurde für sie mehr als ein Trauer-Handbuch – es wurde der Anstoß zu einer Beziehung zu Gott! »Nachdem ich *Leere Arme* gelesen hatte, lud ich Gott in mein Leben ein und er half mir, heil zu werden«, schrieb sie. »Ich schreibe normalerweise keine Briefe an Autoren, aber es war mir ein wirkliches Bedürfnis, Ihnen das zu sagen.« Wieder einmal staunte ich über Gottes große Liebe und Gnade. Er wusste, dass ich an diesem Tag deprimiert war und Ermutigung brauchte. Und er benutzte eine Frau ...

- die weit entfernt lebte,
- die ich nie getroffen hatte,
- die zufällig vor immerhin fünfzehn Jahren eines meiner Bücher gelesen hatte,
- die vor ein paar Wochen über die Radiosendung gestolpert war,

- die nichts über meine gegenwärtige Lage wusste,
- und die genau die Worte schrieb, die mich in meiner Situation ansprachen und mich daran erinnerten, dass mein Schreiben einen Sinn hat.

Gott ist wirklich gut.

Ich höre genug Geschichten in der Beratungspraxis, um zu wissen, dass ich nicht die Einzige bin, die am Morgen auf dem Bett sitzt und sich fragt: *Lohnt sich das alles?* Unser Leben immer wieder in Frage zu stellen ist eine Krankheit, die uns allen gemeinsam ist, besonders wenn wir müde sind und unsere Energiereserven von einem Stress nach dem anderen aufgebraucht worden sind.

Dies ist die Not einer durstigen Seele. Wenn das Leben Löcher in den Boden unserer Tasse schießt und uns austrocknet, haben wir das Gefühl, dass wir einfach nicht genügend Leute sind, um es zu bewältigen, und wir fragen uns, ob wir überhaupt irgendjemandem nützen. Lavazza-Espresso mag bis zum letzten Tropfen gut sein, aber ich weiß, dass ich es nicht bin. Die letzten Tropfen am Grund meiner persönlichen Tasse sind gewöhnlich Mutlosigkeit und Pessimismus. Zu wissen, dass ich nicht allein bin, tröstet mich ein wenig.

Ist es nicht erstaunlich, dass ein paar Worte, schnell hingeschrieben und zur Post gebracht, einen hoffnungslosen Tag in einen Tag voller Energie verwandeln können? Dass die einfache Handlung, etwas zu Papier zu bringen, einen müden Geist erquicken kann? Dass viele blumige Worte weniger bedeuten als ein paar ganz schlichte, die mit Mitgefühl gepaart sind? Ein solches Zeichen der Ermutigung hat viel Macht – ein von Gott eingegebenes Wort des Dankes zur rechten Zeit aus einer unerwarteten Ecke. Es bringt uns wieder zur Besinnung, erinnert uns daran, welche Investitionen am wichtigsten sind – nämlich Gott und die Menschen auf jede nur mögliche Weise zu lieben.

Warten Sie auf eine Herausforderung? Warum füllen Sie nicht heute die Tasse eines Menschen mit einem Wort des Segens? Bitten Sie den Herrn, Ihnen den Namen eines Freundes oder einer Freundin zu zeigen, jemand, der eine kleine Erinnerung daran braucht, dass er geliebt und wertgeschätzt wird.

Gerade fällt mir Lisa ein. Wenn Sie mich also entschuldigen wollen, beende ich die Geschichte hier. Ich muss mein Briefpapier holen!

Ein Schlückchen Hoffnung und Humor

Das kleine menschliche Glück liegt in dem unerwarteten freundlichen Wort.

Elisabeth Harrison

Meine lieben Brüder, bleibt fest und unerschütterlich in euerm Glauben! Setzt euch für den Herrn ganz ein; denn ihr wisst, nichts ist vergeblich, was ihr für ihn tut.

1. Korinther 15,58; Hfa

Ein gutes Wort kostet nicht mehr als ein böses.

Englisches Sprichwort

Wer einem anderen hilft, kommt am weitesten.

Zig Ziglar

Aus Mangel an Ermutigung scheitern mehr Menschen als aus jedem anderen Grund.

Haltet an dieser Hoffnung fest, zu der wir uns bekennen, und lasst euch durch nichts davon abbringen. Ihr könnt euch felsenfest auf sie verlassen, weil Gott sein Wort hält. Achtet aufeinander! Ermutigt euch zu gegenseitiger Liebe, und spornt einander an, Gutes zu tun.

Hebräer 10,23-24; Hfa

Ein Mann schiebt im Supermarkt ein schreiendes, brüllendes Baby im Einkaufswagen vor sich her. Die ganze Zeit sagt der Mann mit beruhigender Stimme: »Reg dich nicht auf, Albert. Nur die Ruhe, Albert. Brüll nicht, Albert. Behalte die Nerven, Albert.«

Eine Frau, die in der Nähe steht, sagt: »Das ist wirklich bewundernswert, wie Sie versuchen, Ihren Sohn zu beruhigen.«

Der Mann schaut sie an: »Wieso Sohn? *Ich* bin Albert.«

KAPITEL 18

Flohmarkt-Schätze

Sammelt euch aber Schätze im Himmel, wo sie weder Motten noch Rost fressen und wo die Diebe nicht einbrechen und stehlen. Denn wo dein Schatz ist, da ist auch dein Herz.
Matthäus 6,20-21

Freitagmorgens stöbert Kelly gerne auf Floh- und Trödelmärkten jeglicher Art herum. Sie ist andauernd auf der Suche nach unerwarteten Schätzen, die irgendjemand für ein paar Cent loswerden will. Sie hat im Laufe der Jahre einige erstaunlich wertvolle Dinge gefunden, aber nichts war so kostbar wie das, was sie an Jennifers Stand entdeckte.

Die Frau hatte einfach zwei Tische auf dem Platz vor ihrer Sozialwohnung aufgestellt. Als Kelly dort vorbeikam, sah sie eine große Auswahl von Haushaltskrempel und Krimskrams darauf.

Hmmm, dachte Kelly. *Welche Kostbarkeit kann ich hier wohl finden?* Sie sah sich auf den Tischen um und nahm drei kleine Holzschnitzereien in die Hand, die mit Liebe zum Detail angefertigt waren. »Wie viel kosten die?«, fragte sie ohne aufzuschauen.

»Da muss ich meinen Freund fragen«, kam die Antwort. »Sie gehören seiner Mutter.« Kelly blickte hoch und sah eine zierliche, müde aussehende Frau mit strähnigem langem, braunem Haar. Während Kelly weiter die Tische durchstöberte und Dinge, die sie interessierten, in die Hand nahm, zog die zarte Frau immer wieder an ihrer Zigarette, blies den Rauch zur Seite weg und begann, Kelly einige Geschichten zu erzählen. Ein bisschen über dies, ein bisschen über das. Aber am meisten über sich selbst. »Ich verliere meine Sozialwohnung, weil ich mich geweigert hab, die Miete zu zahlen, bis sie das Loch in der Zimmerdecke reparieren. Sie kümmern sich nicht um das Loch, also gehen wir. Dachte, ich mache ein paar Dollar, bevor sie mich aussperren.«

Kelly ist ein freundlicher, mitfühlender Mensch und die Geschichte der Frau ließ sie innehalten. Sie blieb stehen, wandte sich der Frau zu, stellte die Dinge, die sie in der Hand hielt, hin und schenkte ihr ihre ungeteilte Aufmerksamkeit.

Erfreut redete die Frau weiter. Kelly erfuhr, dass die Frau zwei Söhne mit zerebraler Lähmung hatte. Tony war vierzehn und Chris zehn. Sie waren ihr Ein und Alles. Sie hatte den Vater der Jungen schon vor längerer Zeit verlassen, um ihr eigenes und das Leben der Jungen zu retten. Offenbar hatte er sie misshandelt, um sie unter Kontrolle zu halten. Überzeugt, dass nichts so schlimm sein konnte, wie mit diesem Mann zusammen zu leben, schnappte die Frau ihre Jungen, ließ alles hinter sich und saß auf der Straße.

Kelly fühlte mit der Mutter. »Ich heiße übrigens Kelly«, sagte sie. »Ich freue mich sehr, Sie kennen zu lernen.« Sie streckte ihre Hand über den Tisch aus.

Fest schüttelte die Frau ihre Hand und antwortete: »Danke, ich bin Jennifer. He, schauen Sie! Da kommt Tony.«

Ein junger Mann mit unsicherem Gang und einem breiten Lächeln, das jedes Herz anrühren musste, kam über den Parkplatz gelaufen. Jennifer stellte Kelly ihren Sohn vor, diese begrüßte ihn herzlich. Dann schickte Kelly sich an zu gehen. »Sind Sie morgen wieder hier? Dann komme ich wieder und frage nach diesen Figürchen, ja?«, sagte sie.

Jennifer nickte und sagte, sie würde sich inzwischen nach dem Preis erkundigen.

Aber als Kelly an diesem Tag heimfuhr, wusste sie, dass sie wegen mehr als nur wegen der drei aus Holz geschnitzten Figuren wiederkommen würde. Gott hatte ihr klargemacht, dass sie sich um drei verletzte Menschen kümmern sollte, die dringend seine Liebe brauchten.

An diesem Abend saß Kelly mit ihrem Mann Aaron auf dem Sofa im Wohnzimmer und sah ihren Kindern beim Spielen zu. Jennifers Not bedrückte Kelly sehr. Wie konnte sie die Belastung ertragen, nicht zu wissen, wo sie und ihre Kinder als Nächstes hingehen würden?

Doch dann kam Kellys praktische Seite zum Vorschein. Sie erzählte Aaron von ihren neuen Freunden, und zusammen überlegten sie, wie sie helfen konnten. Sie beschlossen, dass sie Jennifer und die Jungen auf jeden Fall in ihrer Pizzeria mit Essen versorgen könnten. Wallstreet Pizza ist in der Gegend von Portland schon viele Jahre ein Begriff. Jeder weiß, dass Wallstreet die beste Pizza nach New Yorker Art in der Stadt hat. Aaron und Kelly konnten zumindest sicherstellen, dass Jennifer und ihre Kinder nicht hungern mussten. Sie konnten soviel Pizza, Salat, Sandwiches, Knoblauchbrötchen und Getränke haben, wie sie essen wollten.

Am nächsten Morgen ging Kelly zurück zu Jennifers Stellplatz, kaufte die drei feinen Holzschnitzereien und lud dann Jennifer und die Jungen für den Abend »zum Essen auf Rechnung des Hauses« zu Wallstreet ein. Die Jungen strahlten und waren offensichtlich von der Aussicht auf Pizza, Cola und Flipperspielen begeistert. Die zwei Frauen unterhielten sich weiter.

»Gehören Sie zu einer Kirche?«, fragte Kelly, denn sie dachte, dass geistliche Unterstützung und Gemeinschaft während dieser Übergangszeit hilfreich sein könnten.

»Ich bin mal zu einer in unserer Straße gegangen«, antwortete Jennifer, »aber ich habe das Gefühl, dass ich da nicht hinpasse. Ich hatte schon öfter mal vor, woanders hinzugehen, aber alleine traue ich mich nicht. Würden Sie vielleicht mitkommen?«

»Natürlich!«, antwortete Kelly begeistert.

Am nächsten Tag schoben sich die beiden Frauen in die letzte Sitzreihe in der Kirche unweit von Jennifers Wohnung. Jennifer war allein gekommen. Sie wollte sich das Ganze erst einmal anschauen, bevor sie die Jungen mitbrachte. Sobald die Musik begann, wischte Jennifer sich Tränen aus den Augenwinkeln. Kelly legte ihr die Hand auf den Arm und drückte ihn sanft.

»Tut mir Leid«, entschuldigte sich Jennifer. »Es ist nur, weil ich so lange allein kämpfen musste.«

»Ist schon in Ordnung«, versicherte ihr Kelly. »Alles wird gut werden.«

Kelly und Aaron spürten, dass sie Gottes Liebe weitergeben konnten, indem sie sich um die Familie kümmerten. Für die Übergangszeit mieteten sie für Jennifer und die Jungen erst mal ein Hotelzimmer, so dass die Familie eine Bleibe hatte, während sie auf Wohnungssuche ging.

Aber Zeichen der Liebe anzunehmen, die man nicht gewohnt ist, kann schwierig sein. Nach einigen Monaten ihrer Freundschaft brannte Jennifer durch. Sie fühlte sich nicht würdig, Kellys und Aarons Liebe zu empfangen, und schämte sich zu sehr. Da sie niemandem zur Last fallen wollte, verschwand Jennifer mit ihren Söhnen. Kelly und Aaron fanden später heraus, dass sie und die Jungen in einer feuchten, dunklen Kellerwohnung lebten. Als Jennifer nach einem gefährlichen Spinnenbiss ins Krankenhaus musste, nahm sie erneut Kontakt zu Aaron und Kelly auf. Wieder sprang das Ehepaar ein, um zu helfen.

Aaron und Kelly mieteten ein älteres kleines Haus auf einem kleinen Grundstück gleich hinter der Kirche, die Jennifer besuchen wollte. Einige Frauen von Kellys Bibelkreis richteten alle Zimmer vollständig ein, und sie hatten Spaß daran, die Geschirrschränke mit hübschen Tellern, Schüsseln, Gläsern, die Kommoden mit Silberbesteck und Kochutensilien und den Kühlschrank mit so viel Essen auszustatten, dass sich eine Armee davon hätte ernähren können. Jennifer würde wochenlang nicht einkaufen müssen. Sie versahen das Badezimmer mit flauschigen, sauberen Handtüchern, Seifen, Cremes und allen Dingen, die eine Frau und zwei junge Männer brauchen würden.

Es war die Woche vor Weihnachten, und Sie müssen wissen: Wenn Sie Kelly zur Weihnachtszeit besuchten, würden Sie ein Winterwunderland betreten. Kelly ist eine erstklassige Dekorateurin mit einer echten Begabung, etwas Einfaches zu nehmen und es in etwas Besonderes zu verwandeln. So überrascht es nicht, dass sie und die Frauen Jennifers Haus auch für Weihnachten schmückten. Funkelnde helle Lichter glitzerten vom Kaminsims, und Weihnachtsmusik erfüllte den Raum, als Jennifer und ihre Jungen ihr neues Zuhause betraten.

Jennifer blickte im Zimmer herum, die Augen so groß wie Untertassen, weil sie es kaum fassen konnte. Sie brach in Tränen aus und schluchzte: »Solche Liebe habe ich noch nie erlebt!«

Als Kelly mir diese Geschichte erzählte, kamen mir selbst die Tränen. Ich kannte Jennifer noch nicht einmal, aber ich hätte sie am liebsten umarmt. Ich schluckte den

Kloß in meiner Kehle herunter und fragte: »Kelly, wie hat das dein Leben verändert?« Ihre Worte klingen mir noch in den Ohren.

»Die Wahrheit ist«, sagte Kelly, »ich brauchte Jennifer mehr, als sie mich brauchte. Sie hat mich viel über Gott gelehrt. Wenn ich mir anschaue, wie sie ihre behinderten Söhne aufzieht, während sie selbst an Hepatitis C und Gebärmutterkrebs leidet, fühle ich, wie sein Herz für sie schlägt. Gott hat sein Mitgefühl für sie in mein Herz gelegt – ich bin nur ein Gefäß, das seine Liebe weitergibt.

Und während der letzten eineinhalb Jahre, die ich Jennifer kenne, hat Gott mich einige Dinge über mich selbst gelehrt«, gestand Kelly. »Er hat für mich neu definiert, was wahre Freude ist. Jedes Mal, wenn ich Jennifer umarme, ist die Freude so groß, dass ich das Gefühl habe, dass mein Herz gleich platzt. Diese Art von Freude kommt nicht davon, dass man ein großes Haus besitzt, ein erfolgreiches Unternehmen führt oder irgendetwas, das man für Geld kaufen kann. Sie kommt als Belohnung von Gott, wenn ich mich von ihm gebrauchen lasse, damit er sein Ziel mit Menschen erreicht. Während ich etwas von mir hergab, empfing ich von ihm unendlich viel mehr als ich aufgegeben hatte.

Seit ich Jennifer kenne, habe ich mich mit einigen wichtigen Fragen auseinander setzen müssen. Ich fühlte, dass Gott mich fragte:

Kann ich dir meine zerbrochenen Herzen anvertrauen?

Wirst du mich anflehen sie zu verändern?

Wirst du dein priesterliches Gewand gegen einen Mantel der Demut eintauschen?

Wirst du dein Leben für Menschen in Not opfern?

Wirst du ihnen beistehen und ihre Hand halten, während ich sie verändere?

Wirst du deine Hand in Liebe ausstrecken?

›Wenn du das tust‹, schien er zu sagen, ›werde ich dir zur Seite stehen und meine Hand auf die deine legen. Die Macht meiner Liebe wird dich stärken, und zusammen werden wir sie aus dem Dreck ziehen.‹«

Jesus gibt uns das Gebot, »einander zu lieben«, damit unsere Freude vollkommen werde.

Kelly war bei einem Garagenverkauf auf der Suche nach ungeahnten Schätzen. Jennifer und ihre Jungen waren die unbezahlbaren Schätze, die sie fand.

Welche Schätze leben in Ihrer Nähe?

Ein Schlückchen Hoffnung und Humor

Was Gott schickt ist besser, als das, worum wir Menschen bitten.

Nach der Freundschaft Gottes ist die Liebe eines Freundes der größte Schatz auf der Welt.

Schätze im Himmel werden in dem Maße gesammelt, wie irdische Schätze aufgegeben werden.

Ein Fotograf für eine überregionale Zeitschrift hatte die Aufgabe bekommen, einen großen Waldbrand aufzunehmen. Man sagte ihm, dass ein kleines Flugzeug ihn erwarten und über das Feuer fliegen würde.

Er kam etwa eine Stunde vor Sonnenuntergang an der Startbahn an. Dort wartete die Cessna. Er sprang mit seiner Ausrüstung hinein und rief: »Los geht's!« Der Pilot drehte mit dem Flugzeug in den Wind und bald waren sie in der Luft.

»Fliegen Sie über die Nordseite des Feuers«, sagte der Fotograf, »und fliegen Sie mehrmals bei niedriger Höhe über das Feuer.«

»Warum?«, fragte der nervöse Pilot.

»Weil ich Fotos machen will!«, entgegnete sein Passagier. »Ich bin Fotograf, und Fotografen machen Fotos.«

Nach einer langen Pause fragte der Pilot: »Soll das heißen, Sie sind nicht der Fluglehrer?« *Steve Farrar*

Manche Leute wünschen sich, in Hörweite der Kirchenglocken zu leben. Ich wünsche mir, eine Missionsstation zu leiten, die einen Meter von der Hölle entfernt ist.

Charles Thomas Studd

Geld ist ein guter Diener, aber ein gefährlicher Herr.

Dominique Bouhours

KAPITEL 19

Jugendliche Eskapaden

Dem Menschen wird vergolten nach den Taten seiner Hände.
Sprüche 12,14

Als Junge, der in den frühen siebziger Jahren im ländlichen Nordwesten von Montana aufwuchs, lernte Steve Huggins, dass es bestimmte Fertigkeiten gab, die jeder Jugendliche, der etwas auf sich hielt, beherrschen sollte. Das waren Reiten, Lassowerfen und Schießen. Reiten und Lassowerfen lernte er, während er sich mit seinen Freunden auf der Ranch herumtrieb. Schießen zu lernen war nicht ganz so einfach.

Steve und sein Bruder durchstreiften stundenlang die Gegend und schossen Tausende von Kugeln auf fast alles ab, was sie sahen, um ihr Können zu verbessern. Sie machten erfolgreich Hunderte von Stöcken, Felsen, Schlammpfützen, Colabüchsen nieder, sowie einige unglückliche Vögel und Nagetiere, die zu nahe herankamen. Mit der Zeit war Steve in der Lage, ein Penny-Stück aus einer beträchtlichen Entfernung zu treffen, wobei es dann in die eine oder andere Richtung davonsprang.

Dann kam der große Tag. Seine Eltern sagten ihm, dass sie mit Freunden der Familie ein Picknick veranstalten würden, und zwar an der Stelle, wo sie besonders gern angelten, und sie erlaubten ihm, sein Gewehr mitzunehmen. Er kannte den Weg zum Bach gut, der sich durch weite Flächen schlängelte, wo Steve mit seinem Gewehr schießen konnte. Welch ein Tag! Der Himmel war blau, Mama packte ihren legendären Apfelkuchen ein und das Leben war so schön, wie es für einen zwölfjährigen Jungen in Montana sein konnte.

Nach einem köstlichen Mittagessen schlenderten die Väter hinunter zum Angeln, während Steve an dem hölzernen Picknicktisch neben dem dahinplätschernden Bach saß und sein Gewehr nachlud. Er wurde abgelenkt, als seine Mutter und ihre Freundin, die zufällig auch Steves Klavier- und Sonntagsschullehrerin war, aufstanden und davongingen. Als Steve beobachtete, wie sie durch das Gras schlenderten, kamen ihm einige wissenschaftliche Fragen in den Kopf, die ihn irgendwie nicht mehr losließen: *Wie weit fliegt wohl eine Kugel? Und wie schnell bewegt sich ein Mensch?*

Die Fragen schrien nach Antworten. Während die Frauen sich entfernten, legte Steve sein Gewehr auf dem Picknicktisch auf und zielte sorgfältig auf den Hintern seiner Sonntagsschullehrerin. Er hatte keinerlei böse Motive – er führte lediglich ein Experiment im Namen der Wissenschaft durch. Ganz langsam drückte er ab.

Klick!

Die glänzende Messingkugel schoss aus dem Gewehrlauf und flog weiter und geradliniger als jede Kugel, die er zuvor abgefeuert hatte. Sie wich nicht einmal einen Zentimeter von ihrer acht Meter langen Bahn ab. Und dann – traf sie das Ziel mit ebensolcher Präzision! (Wie gesagt, er arbeitete schon länger daran, ein Meisterschütze zu werden.)

In diesem Moment wurde Steve klar, was er getan hatte. *Ich bin verloren! Das war's – ich bin ein Kind des Todes!*, dachte er. Entsetzt vergrub er das Gesicht in den Händen.

Das Nächste, was Steve hörte, war »Aaaaaaaaaaah!« Er spähte durch die Finger und sah, wie seine Lehrerin mit der Hand auf ihren Hintern schlug. Sie und Steves Mutter wirbelten herum und sahen den Übeltäter mit blitzenden Augen und geschürzten Lippen an, die ausdrückten: »Junge – gleich bist du Hackfleisch!«

Obwohl seine Lehrerin etwas verärgert war, hatte nur Steves Selbstbewusstsein eine wirkliche Verletzung davongetragen. Es ist schwierig, das Bild eines Machos aufrechtzuerhalten, wenn man den anderen Jungen im Ort erzählen muss, dass man kein Gewehr tragen darf, weil Mama und Papa es einem weggenommen haben. Steves Eltern meldeten ihn zum Sicherheitstraining für Jäger an und seine Karriere als »Wissenschaftler« war von kurzer Dauer.

Steve wurde später ein hervorragender amerikanischer Marineinfanterist, außerdem klinischer Psychologe, ein liebevoller Ehemann und Vater zweier Mädchen. Steve hat vor, einer seiner Töchter, die bald dreizehn wird, durch seine jugendliche Eskapade etwas beizubringen. Beim nächsten Mal, wenn sie als Familie zusammensitzen und Geschichten austauschen werden, plant er, ihr die Moral dieser Geschichte klarzumachen: Wenn du auf nichts zielst, triffst du es ganz sicher. Deshalb setze Ziele. Denk sorgfältig darüber nach, worauf du im Leben »schießen« willst – du wirst es mit großer Wahrscheinlichkeit treffen. Und erwäge die Folgen, bevor du zielst – sobald Dinge in Bewegung gesetzt sind, gibt es möglicherweise kein Zurück mehr.

Ein Schlückchen Hoffnung und Humor

Warum Eltern graue Haare bekommen

Der Chef einer großen Firma musste einen seiner Angestellten wegen eines dringenden Computerproblems zu Hause anrufen. Er wählte die private Telefonnummer seines Angestellten und wurde von dem Flüstern eines Kindes begrüßt: »Hallo?«

Dem Chef wollte nicht mit einem Kind sprechen, und so fragte er: »Ist dein Papa zu Hause?«

»Ja«, flüsterte die kindliche Stimme.

»Kann ich ihn sprechen?«, fragte der Mann.

Zu seiner Überraschung flüsterte die Stimme: »Nein, er ist sehr beschäftigt.«

Der Chef wollte mit einem Erwachsenen sprechen und fragte: »Ist deine Mama da?«

»Ja«, kam die Antwort.

»Kann ich mit ihr sprechen?«

Wieder flüsterte die Stimme: »Nein, sie ist sehr beschäftigt.«

Der Chef beschloss, eine Nachricht zu hinterlassen. »Ist außer dir noch jemand da?«, fragte der Chef das Kind.

»Ja«, flüsterte das Kind. »Ein Polizist.«

Der Chef fragte sich, was ein Polizist im Haus seines Angestellten tat und sagte: »Kann ich den Polizisten sprechen?«

»Nein, er ist sehr beschäftigt«, flüsterte das Kind.

»Beschäftigt womit?«, fragte der Chef.

»Mit Papa und Mama und den Feuerwehrmännern zu sprechen.«

Der Chef hörte etwas, was sich durchs Telefon wie das Geräusch eines Hubschraubers anhörte. Er begann, sich Sorgen zu machen, und fragte: »Was ist das für ein Geräusch im Hintergrund?«

»Ein Hubschrauber«, antwortete das Kind.

Inzwischen ziemlich beunruhigt fragte der Chef: »Was ist denn bei euch los?«

»O-o-o-h ...«, flüsterte das Kind ehrfürchtig, »die Suchmannschaft ist gerade mit dem Hubschrauber gelandet.«

Aufgeregt schrie der Chef ins Telefon: »Aber was machen die denn da???«

Immer noch flüsternd antwortete die kindliche Stimme mit einem gedämpften Kichern: »Sie suchen nach mir.«

Säe einen Gedanken und du erntest eine Tat.
Säe eine Tat und du erntest eine Gewohnheit.
Säe eine Gewohnheit und du erntest einen Charakter.
Säe einen Charakter und du erntest ein Schicksal.

Samuel Smiles

KAPITEL 20

Gott spricht in dein Schweigen

Jesus sagte: »Meine Schafe hören meine Stimme, und ich kenne sie, und sie folgen mir.«
Johannes 10,27

Ich telefonierte an einem Nachmittag mit ihr. Sie hat wie ich einen behinderten Sohn. Sie hatte mir einen Brief geschrieben, nachdem sie *Engel hinter dem Schaukelstuhl* gelesen hatte. Ich war von ihrem Brief so bewegt, dass ich einfach mit ihr reden musste. Obwohl sie an der Ostküste lebt und ich an der Westküste, war es so, als ob die große Entfernung zwischen uns nicht existieren würde. Wir fühlten uns sofort miteinander verbunden, als wir über unsere gemeinsamen Erfahrungen sprachen.

Aber ich fange besser vorne an. Dazu will ich für einen Augenblick zur Seite treten, damit Sie zuerst einmal lesen können, was Ginny über die unerschöpfliche Gnade Gottes zu sagen hat. In dem Brief, den sie mir schickte, schrieb sie:

Ich habe auch einen behinderten Sohn. Tommy ist seit neunzehn Jahren gelähmt. Er ist heute dreiunddreißig und kann nur seinen Kopf bewegen und mit den Schultern zucken. Diese letzten neunzehn Jahre habe ich im Glauben gerungen und zu verstehen versucht, wie einem Jungen von nur vierzehn Jahren das Leben in so schrecklicher Weise entrissen werden konnte. Es gibt Zeiten, da kann ich nicht einmal beten, weil der Kummer so groß ist. Während dieser Zeiten bitte ich Gott, in mein Herz zu sehen und mein Schweigen zu hören. Ich glaube, dass er es tut.

Ihr Buch hat mich getröstet und mir die Augen dafür geöffnet, dass Gott alles in der Hand hat, dass wir im Leben an der Stelle stehen, wo Gott uns haben will, und dass er, wenn er uns woanders haben will, die Dinge so ordnen wird, dass wir dorthin kommen. Sie können sich vorstellen, wie unsere Träume geplatzt sind – die meines Mannes Tom und meine und die unseres Sohnes Tommy. Ich habe zwei weitere Kinder, die aufgrund von Tommys besonderen Bedürfnissen weniger Zeit mit ihren Eltern hatten. Beth war sieben und Danny war elf, als Tommy verletzt wurde. Sie sind auch so groß geworden und sind heute wunderbare, sozial engagierte, verantwortungsbewusste Erwachsene und wir sind sehr stolz auf sie.

Ich möchte Ihnen von einer Zeit in unserem Leben erzählen, als wir sicher waren, dass Gott zu uns gesprochen hatte. Es geschah nach Tommys Unfall, als er mit Hilfe eines Beatmungsgeräts um sein Leben kämpfte. Der Arzt teilte uns mit, dass Tommy nie wieder selbstständig atmen würde. Seine Verletzung war am 3. Halswirbel, lag also sehr hoch. Mein Mann diskutierte mehrmals mit dem Arzt und bestand darauf, dass Tommy wieder ohne die Maschinen atmen würde. Einmal war der Arzt so wütend über meinen Mann, dass er schrie: »Was in aller Welt ist mit Ihnen los? Warum können Sie die Tatsache nicht akzeptieren, dass Ihr Sohn nie wieder allein atmen können wird!?«

Mein Mann sagte einfach: »Weil wir alle beten, dass ein Wunder geschieht.«

Uns kam es vor, als wäre jeder unserer Atemzüge ein Gebet. Tag und Nacht blieben wir an Tommys Seite und hofften, dass sich die Dinge zum Besseren wenden würden.

Unser Hochzeitstag war kurz nach Tommys Unfall. Einige Freunde gaben uns fünfzig Dollar mit der strengen Ermahnung, dem Krankenhaus den Rücken zu kehren und zum Essen auszugehen. Wir folgten ihrem Rat, reservierten Plätze in einem netten Restaurant und gaben uns Mühe, für die Abwechslung dankbar zu sein. Wir genossen zusammen ein wunderbares Essen in einer gemütlichen und freundlichen Umgebung. Es war eine willkommene Atempause, bevor wir wieder in das kalte, sterile Krankenhauszimmer zurückkehren mussten, mit den blinkenden Bildschirmen, die Tommy umgaben.

Als wir nach Hause kamen, schenkte Tom zwei Gläser Champagner ein. Wir prosteten einander zu und erinnerten uns daran, was wir alles zusammen durchgestanden hatten. Dann nahmen die Dinge plötzlich eine merkwürdige Wendung. Aus heiterem Himmel blickte Tom von seinem Champagnerglas auf und sagte: »Gott hat gerade zu mir gesprochen. Er sagte mir, dass sich Tommys Atmung morgen bessern wird und dass er das Beatmungsgerät nicht mehr brauchen wird.« Ich sagte nicht viel und dachte, seine Gedanken rührten von einer Mischung von Wunschdenken und Champagner her.

Am nächsten Morgen fuhren wir wieder ins Krankenhaus. Als wir in Tommys Stockwerk aus dem Fahrstuhl traten, stürzte eine aufgeregte Krankenschwester auf uns zu und winkte wild mit den Händen, um unsere Aufmerksamkeit auf sich zu lenken.

»Haben Sie schon gehört, was Tommy heute Morgen getan hat? Der Monitor hat angezeigt, dass er selber stark genug atmete, so dass wir beginnen können, ihn von dem Beatmungsgerät zu entwöhnen!«

Ich war sprachlos. Aber das Lächeln meines Mannes erhellte die ganze Station. Gott hatte deutlich zu ihm gesprochen. Er wusste es. Ich wusste es. Und am Schluss wussten es auch die Ärzte und Krankenschwestern.

Während der letzten neunzehn Jahre haben wir viele weitere Wunder erlebt. Ich bin sicher, dass Gott in jedem dieser Ereignisse zu uns sprach, uns führte und tröstete, besonders durch die ersten schrecklichen Jahre nach Tommys Unfall. Eines Tages werde ich diese Wunder aufschreiben. Es gibt so viele.

Tommy kann noch immer nicht gehen, seine Arme und Hände bewegen oder selber essen. Aber er ist bei uns und er ist ein sehr wichtiger Teil unserer Familie. Er ist ein starker, mutiger, mitfühlender Mann ohne jedes Selbstmitleid. Er macht uns große Freude und er ist trotz seiner Behinderungen ein wunderbarer großer Bruder.

Ist das Leben hart? Weiß Gott, *ja!* Jeder Tag bringt neue Herausforderungen und schmerzliche Erinnerungen an das, was hätte sein können, wäre der Unfall nicht gewesen. Aber durch alles hindurch war Gott mit uns, trug uns hindurch, Tag für Tag. Tommy hat die weiterführende Schule abgeschlossen und einen zusätzlichen Abschluss in Informatik gemacht. Vor einiger Zeit hat er eine kleine Firma als Computerprogrammierer gegründet. Im letzten Jahr wurde er eingeladen, die Hauptansprache an die Abschlussklasse im College zu halten, das er vor vielen Jahren besucht hat. Ich könnte immer weiter erzählen, aber ich höre hier auf. Ich möchte Ihnen nur danken, dass Sie mich mit ihrem Buch aus der Wüste geführt haben.

Nachdem ich Ginnys Abschlussworte gelesen hatte, faltete ich den Brief zusammen, wischte mir die Tränen von den Wangen und starrte in das knisternde Feuer vor mir. Ich verstand ihren Kummer. Alles, was ich denken konnte, war: *Wo wären wir alle ohne dich, Herr?*

Die Antwort lag für mich auf der Hand. Ich hätte schon lange aufgegeben. Ginnys Geschichte zeugte von einer Wahrheit, die ich in den letzten acht Jahren besser verstehen gelernt habe: Kein Problem ist so groß, dass Gott nicht damit fertig würde. Kein Leid ist groß genug, als dass es ihn zu sehr in Anspruch nehmen könnte. Es gibt keine Schwierigkeit, mit der Gott nicht umgehen kann. Und es gibt keine schmerzliche Situation, die wir nicht ertragen können, wenn wir nach Gottes Hilfe Ausschau halten.

Viele der gravierenderen Probleme und Fragen im Leben können nicht schnell gelöst oder leicht beantwortet werden. Ständige körperliche und seelische Schmerzen auszuhalten erfordert enormes Durchhaltevermögen.

Aber was mich betrifft, so braucht es mehr als Durchhaltevermögen. Eine übernatürliche Quelle der Kraft ist nötig. Ich brauche eine tägliche Verbindung mit der Quelle des Lebens, um in der Lage zu sein, mich dem Leben zu stellen. Ich muss mein Vertrauen in denjenigen setzen, der mein Gebet hört und mich in meinem Schweigen umarmt. Ich brauche ein offenes Ohr für seine Stimme und ein offenes Herz, um seine Gnade zu empfangen und einen Fuß vor den anderen setzen zu können, Minute für Minute, Stunde um Stunde, Tag um Tag.

Danke, Ginny, Tom und Tom junior. Eure Geschichte hat mir die Worte des Paulus in neuer Weise lebendig gemacht: »Gott aber kann machen, dass alle Gnade unter euch reichlich sei, damit ihr in allen Dingen allezeit volle Genüge habt und noch reich seid zu jedem guten Werk« (2. Korinther 9,8).

»Reichlich« – das bedeutet: in großen Mengen vorhanden, unerschöpflich. Ginny, Tom und Tom junior sind für mich zu einer Quelle lebendigen Wassers geworden, indem sie meinen Geist mit neuem Vertrauen erfüllt haben, dass Gott in allen Lebenslagen für mich da sein wird, dass er mir in großen Mengen geben wird, was ich brauche und mich vor Verzweiflung bewahren wird.

Lasst euer Wasser auch in Zukunft reichlich fließen, ihr Lieben. Es sind noch mehr Tassen zu füllen. Ihr seid wirklich reich zu jedem guten Werk.

Ein Schlückchen Hoffnung und Humor

Beim Gebet ist es besser, ein Herz ohne Worte zu haben als Worte ohne ein Herz. *John Bunyan*

Nicht im Erfolg, sondern im Ausharren zeigt die menschliche Seele ihre göttliche Größe und ihre Verbindung zu einem unendlichen Gott. *Edwin Chapin*

Der Glaube wird dich führen, wo du nicht gehen kannst. Der Verstand hat noch nie einen Berg bestiegen.
E.W. Kenyon

Unterschätzen wir nicht, wie schwer es ist mitzuleiden. Mitleiden ist schwer, weil es die innere Disziplin erfordert, mit anderen zu dem Ort zu gehen, wo sie schwach, verletzlich, einsam und zerbrochen sind. Aber dies ist nicht unsere spontane Reaktion auf Leiden. Was wir uns am meisten wünschen, ist, das Leiden loszuwerden, indem wir vor ihm fliehen oder indem wir ein schnell wirkendes Mittel dagegen finden. *Henri Nouwen*

Glaube heißt nicht, daran zu glauben, dass Gott kann, sondern dass Gott wird! *Abraham Lincoln*

Gott wird bei dir nicht nach Medaillen, Abschlüssen oder Diplomen suchen, sondern nach Narben.
Elbert Green Hubbard

Gott ist ein großer Künstler. Und es gibt Aspekte deines Lebens und Charakters – gute Eigenschaften –, von denen er möchte, dass andere sie bemerken. So bringt Gott ohne offenkundige Kunstgriffe oder Maschen den kühlen, dunklen Kontrast des Leidens in dein Leben.

Dieser Kontrast, der sich gegen den goldenen Charakter Christi in dir abhebt, wird Aufmerksamkeit ... auf Christus lenken. Licht gegen Dunkelheit, Schönheit gegen Not, Freude gegen Sorge. Ein sanfter, geduldiger Geist gegen Schmerz und Enttäuschung – größere Kontraste ziehen Aufmerksamkeit auf sich. Du bist die Leinwand, auf der er herrliche Wahrheiten malt, Schönheit verbreitet und andere inspiriert. Damit Menschen ihn sehen können.

Joni Eareckson Tada

KAPITEL 21

Eine zweite Chance

»In den letzten Tagen, spricht Gott, will ich alle Menschen mit meinem Geist erfüllen. Eure Söhne und Töchter werden aus göttlicher Eingebung reden, eure jungen Männer werden Visionen haben und die alten Männer bedeutungsvolle Träume.«
Apostelgeschichte 2,17; Hfa

Ich möchte Ihnen jemanden vorstellen. Er lebt nicht mehr, aber Sie können diesen Mann durch eine packende Schrift kennen lernen, die er hinterlassen hat. Ich möchte, dass Sie seine Botschaft hören, denn es ist *die* Geschichte schlechthin, die einen auf den richtigen Weg bringt. Sie wird Sie anspornen, herausfordern und verändern.

Zunächst aber ein paar Informationen über diesen Mann: Wenige geistliche Leiter haben je den brennenden Eifer und den Mut besessen, die William Booth auszeichneten. Menschen, die ihn kannten, sagten, er sei einfach nicht aufzuhalten, wenn er einmal eine Aufgabe in Angriff genommen hatte. Glücklicherweise verwendete er seine enorme Tatkraft zum Guten. Im Jahre 1865 gründeten William und seine Frau Catherine in London die Christliche Mission, deren Ziel es war, Menschen in Not geistliche und materielle Hilfe zukommen zu lassen. 1878 wurde die

Mission als Heilsarmee bekannt. Heute sind Tausende von Zweigen der Heilsarmee über den Erdball verbreitet.

Was war die treibende Kraft des William Booth? Welche Maxime regierte sein Leben? Was ließ ihn trotz aller Widerstände vorwärts drängen? Vielleicht liegt ein Teil der Antwort in der folgenden Geschichte.

Eines Nachmittags wurde William Booth die Gnade zuteil, in die unsichtbare Welt zu blicken, und was er sah, änderte sein gesamtes Leben. Seine Geschichte beeindruckt mich, und seit ich diesen Bericht gelesen habe, sehe ich meine eigenen Verpflichtungen mit anderen Augen. Ich vermute, Ihnen wird es genauso gehen.

Gestern hatte ich eine seltsame Vision. Und ich war mir gar nicht sicher, ob ich anderen davon erzählen sollte oder nicht. (...)

In dieser Vision war ich jemand, der sich vielen christlichen Aktivitäten widmete. Ich betrachtete mich eigentlich als ziemlich helles Licht. Ich ging am Sonntag stets in die Kirche und unterrichtete zudem in der Sonntagsschule. Hin und wieder, wenn auch nicht sehr oft, besuchte ich Kranke. Und zusätzlich zu diesen guten Taten gab ich etwas Geld, um die christliche Arbeit zu unterstützen.

In alledem war ich ganz aufrichtig. Ich hatte nicht das Gefühl, ein Heuchler zu sein. Ich hielt allerdings nicht inne, um darüber nachzudenken, was Christsein wirklich bedeutete, obwohl ich gelegentlich mit Leuten freimütig genug darüber redete und Menschen bemitleidete, die keine Christen waren.

Ich dachte selten, wenn überhaupt, darüber nach, was Jesus Christus von mir verlangte. Und ich war auch nicht sehr besorgt um die Verlorenen, obwohl gelegentlich in meiner Gegenwart über solche Themen diskutiert wurde. Ich war in Gedanken, in meinem Handeln und meinem

Beruf in einen echten Trott verfallen. Und ich machte Tag für Tag weiter und hoffte dabei, dass am Schluss alles in Ordnung sein würde.

Aber in meiner Vision bekam ich ohne Vorwarnung ein gefährliches Fieber. Ich wurde ganz plötzlich sehr krank. Das heißt, innerhalb weniger Stunden stand ich am Abgrund des Todes. Es wurde tatsächlich ernst. Jeder um mich herum war in großer Verwirrung, und die mich liebten, waren gelähmt vor Angst.

Einige handelten. Die richtigen Medikamente wurden verabreicht. Verschiedene Ärzte wurden konsultiert. Und die Mitglieder meiner Familie eilten von nah und fern an meine Seite. Freunde und Bekannte kamen.

Ich wurde so gut wie möglich medizinisch versorgt – aber alles war umsonst.

Ich konnte fühlen, dass die Medikamente nicht halfen. (...) Aber wenn ich nicht wieder gesund würde, hatte ich ja eigentlich keinen Grund, furchtbar besorgt zu sein, denn ich war doch Christ, oder? War ich nicht bekehrt? Glaubte ich nicht an die Botschaft der Bibel? Warum sollte ich mich fürchten? (...)

Und dann befiel mich eine seltsame Schwäche. Ich verlor das Bewusstsein.

Mein nächstes Gefühl war fast unbeschreiblich. Es war die freudige Erregung über eine neue und himmlische Existenz. Ich war im Himmel.

Nachdem das erste Gefühl der Überraschung nachgelassen hatte, schaute ich mich um und nahm die Situation in mich auf. Es übertraf alles, was ich von der Erde kannte – einfach wunderbar. (...) Kein menschliches Auge hat je solch eine Vollkommenheit, solch eine Schönheit gesehen, kein menschliches Ohr je solche Musik gehört. (...) Zuerst war ich in einer Art exstatischen Rausches und dieses Gefühl wurde sofort durch das Bewusstsein gesteigert, dass ich sicher war, gerettet zu sein und nie mehr leiden oder sündigen zu müssen.

Doch dann beschlichen mich plötzlich neue Gefühle. So seltsam es erscheinen mag, aber ich fühlte mich irgendwie einsam und ein wenig traurig, selbst inmitten dieses unendlichen Zustands der Glückseligkeit. Denn bis zu diesem Augenblick war ich allein. Nicht eines der strahlend hellen Wesen, die im leuchtenden Himmel über mir schwebten und sangen, und keines der Wesen, die hierhin und dorthin eilten, als ob sie damit beschäftigt wären, einen besonderen Auftrag zu erfüllen, hatte mich angesprochen oder sich mir genähert.

Ich war im Himmel allein! Dann hatte ich offenbar in einer noch seltsameren und geheimnisvolleren Art und Weise das Gefühl, dass ich in die Gesellschaft dieser reinen Wesen, die in unbeschreiblicher Schönheit um mich herumflogen, nicht passte. Wie konnte das sein? War es ein Irrtum, dass ich hierher gekommen war? Wurde ich dieses herrlichen Erbes nicht würdig erachtet? Es war tatsächlich ein Rätsel.

Meine Gedanken wanderten zurück zur Erde. Und wie durch die Hand eines Engels wurde die Aufzeichnung meines vergangenen Lebens vor meinen Augen enthüllt. Welch eine Aufzeichnung! Ich warf einen Blick darauf. Und mit einem Blick schien ich ihren gesamten Inhalt zu erfassen – so schnell, dass mir bewusst wurde, dass sich meine intellektuellen Fähigkeiten in wunderbarer Weise beschleunigt hatten. Ich erkannte, dass ich in einem Augenblick aufnehmen und verstehen konnte, wofür ich mit meinen armseligen getrübten Möglichkeiten auf der Erde einen ganzen Tag gebraucht hätte. (...)

Die Aufzeichnung beschrieb in allen Einzelheiten das Ziel, wofür ich gelebt hatte. Sie gab meine Gedanken und Gefühle und Handlungen wieder – wie und wofür ich meine Zeit, mein Geld, meinen Einfluss und all die anderen Talente und Gaben benutzt hatte, die Gott mir anvertraut hatte, damit ich sie zu seiner Ehre und zur Errettung der Verlorenen verwenden sollte. (...)

Mein Herz wurde mit Sorge und Selbstvorwürfen erfüllt, denn in den ›Erinnerungen‹ sah ich, womit ich mich in den wenigen Jahren, die mir inmitten all des Elends gewährt waren, beschäftigt hatte, nachdem Jesus Christus mich gerufen hatte, sein Soldat zu sein. Ich wurde daran erinnert, wie ich, anstatt seine Schlachten zu schlagen, anstatt Seelen zu retten und sie zu seinen Füßen zu legen und sie so auf den Zutritt zu diesem wunderbaren Ort vorzubereiten, im Gegenteil auf irdische Dinge bedacht war, wie ich selbstsüchtig nach meinen eigenen Bedürfnissen getrachtet hatte, mein Leben in praktischem Unglauben, in Untreue und Ungehorsam gelebt hatte. (...)

Ich litt innere Qualen, obwohl das seltsam erscheinen mag, da ich ja im Himmel war. Aber so war es. Ich fragte mich, ob es gar keinen Trost für mich gäbe, und schaute mich unwillkürlich um. Und ich sah am Horizont in weiter Entfernung eine wunderbare Erscheinung. Der ganze Himmel dort schien mit strahlendem Licht erfüllt zu sein, das den Glanz von Tausenden von Sonnen zur Mittagszeit übertraf. Und doch wurde ich nicht von dem grellen Licht geblendet, wie es bei unserer Sonne der Fall ist, wenn sie in ihrem Glanz scheint. Hier war ein Leuchten, das alles, was vorstellbar war, weit übertraf, und doch konnte ich mit Freude darauf schauen. (...)

Ich erkannte, dass sich dieses Leuchten in meine Richtung bewegte. (...)

Bevor ich mich auf den hohen Besuch vorbereiten konnte, war er schon bei mir. Der König war da! Inmitten der sich im Kreise bewegenden himmlischen Heerscharen – die Stufe für Stufe in das blaue Himmelsgewölbe über uns aufstiegen und ihm Millionen von Augenpaaren zuwandten, die von ihrer Liebe zu ihm glänzten –, sah ich die himmlische Gestalt dessen, der für mich am Kreuz gestorben ist. Die Prozession hielt an. Auf einen Befehl hin formierten die himmlischen Heerscharen sich in drei Seiten eines Rechtecks vor mir, der König stand im Zentrum genau gegenüber dem Platz, wo ich mich zu Boden geworfen hatte.

Welch ein Anblick das war! Dafür lohnt es, sich ein Leben lang abzumühen! (...)

Ich war von der Szene verwirrt – von den Liedern, der Musik, den Rufe der vielen, die sich wie das Tosen von Tausenden von Wasserfällen anhörten und durch die sonnenbeleuchteten Berge hallten und widerhallten. Und die wunderschöne und endlose Aufstellung von glücklichen Geistern entzückte meine Sinne mit leidenschaftlicher Freude. Auf einmal jedoch besann ich mich und wurde wieder seiner hohen Gegenwart gewahr, vor der ich mich beugte, und als ich meine Augen hob, sah ich, wie er mich anschaute. (...)

Dieses Antlitz, dieses göttliche Antlitz schien mir zu sagen, wie seine Gefühle für mich waren, denn Sprache war nicht nötig, um zu den Tiefen meiner Seele zu sprechen: »Du wirst dich wenig im Einklang mit diesen fühlen, die einst die Gemeinschaft meiner Leiden teilten und nun der Gemeinschaft meiner Herrlichkeit teilhaftig werden; die ihr Leben nicht teuer erachteten, um mir Ehre zu bringen und den Menschen Rettung.« Und er blickte die Menge der Apostel und Märtyrer und Krieger, die um ihn versammelt waren, mit Bewunderung an.

Oh, dieser Blick Jesu! Ich ahnte, solch eine liebende Anerkennung wäre es wert, hundert Tode auf dem Scheiterhaufen zu sterben. Sie wäre es wert, von wilden Tieren zerrissen zu werden. Die Eskorte der Engel empfand genauso, denn ihre Antwort mit Lob und Gesang erschütterte alle Himmel und den Boden, auf dem ich lag. (...)

Anstatt zu hören, fühlte ich, wie er zu mir Worte sprach, die sich mir wie Feuer in meinen Geist einbrannten: »Geh wieder auf die Erde zurück. Ich werde dir eine zweite Chance geben. Erweise dich meines Namens würdig. Zeige der Welt, dass du meinen Geist besitzt, indem du meine Werke tust und in meinem Namen ein Retter der Menschen wirst. Du wirst wieder hierher zurückkehren, wenn du den Kampf vollendet hast, und ich werde dir einen Platz in meinem Zug der Überwinder und Anteil an meiner Herrlichkeit geben.«

Was ich unter diesem Blick und diesen Worten fühlte, kann wohl kein Herz und Geist beschreiben. Ich hatte gemischte Gefühle. Zuerst kam der unaussprechliche Schmerz, der aus der vollen Erkenntnis erwuchs, dass ich mein Leben vergeudet hatte – ein Leben, das ich auf die armseligen Ziele und oberflächlichen Vergnügungen der Welt verschwendet hatte, während ich Taten hätte säen können, die eine nie endende Ernte himmlischer Frucht geschaffen hätten. Mein Leben hätte mir die Zustimmung des himmlischen Königs einbringen und mich der Gemeinschaft dieser verherrlichten Helden würdig machen können.

Aber mit diesen Selbstvorwürfen fühlte ich auch einen Funken Hoffnung. (...) Ich würde das Vorrecht haben, mein Leben noch einmal zu leben. Natürlich hatte ich eine hohe Verantwortung, aber Jesus würde bei mir sein. Sein Geist würde mich befähigen. Und in meinem Herzen fühlte ich mich bereit, mich dem zu stellen.

Die Wolke der leuchtenden Wesen war verschwunden. Die Musik war verstummt. Ich schloss meine Augen und übergab mich, Leib, Seele und Geist, meinem Heiland – um nicht für meine eigene Rettung zu leben, sondern für die Verherrlichung meines Christus und für die Rettung der Welt. Und in diesem Moment rührte die gleiche gesegnete Stimme meines Königs mein Herz an, während er versprach, dass seine Gegenwart mit mir zurück auf die Erde gehen würde und mich zu einem Überwinder durch sein Blut machen würde.[6]

Als ich William Booths Vision zum ersten Mal las, dachte ich an die Geschichte Jesu über den Mann, der den im Acker versteckten Schatz fand. In Matthäus 13 erzählt Jesus den Jüngern ein Gleichnis: »Das Reich Gottes ist wie ein verborgener Schatz, den ein Mann auf einem Feld entdeckte und wieder verbarg. In seiner Freude verkaufte er alles, was er hatte, um den Acker zu kaufen und so den Schatz zu bekommen.« (Matthäus 13,44; Hfa)

Können Sie sich das vorstellen? Hier handelt es sich um einen ganz normalen Mann, der aufsteht und wie gewöhnlich zur Arbeit geht. Und dann passiert plötzlich etwas völlig Unerwartetes – er stößt seinen Stock in die Erde und hört ein merkwürdig dumpfes Geräusch. Es fühlt sich nicht wie Gestein an. Es klingt auch nicht wie ein Dreckklumpen. Nein – es scheint eher ein Fass zu sein, ein hölzernes, irgendwie hohl klingendes Behältnis.

Um besser sehen zu können, bückt er sich, tastet herum und schiebt Erde beiseite. Zu seinem großen Erstaunen entdeckt er etwas, das wie die Oberseite einer kleinen Holzkiste aussieht. Aufgeregt über seine Entdeckung gräbt er mit seinem Stab, schaufelt mit den Händen, tritt mit den Füßen und zieht mit aller Kraft, um die Kiste aus ihrem Grab zu befreien. Mit dem scharfen Ende eines kantigen Steins zerschmettert er das Schloss, das den Deckel sichert, und reißt die Kiste auf. Blendendes Sonnenlicht wird von dem glitzernden Schatz vor ihm reflektiert: Goldene Münzen, glänzende Diamanten und funkelnde Smaragde – alle ein Vermögen wert – füllen die Kiste bis zum Rand.

Der Mann schlägt den Deckel zu, schaut in alle Richtungen und untersucht dabei sorgfältig die Umgebung. Ist jemand in der Nähe? Hat jemand etwas gesehen? Hastig senkt er den Schatz zurück in den Acker, bedeckt ihn sorgfältig mit Erde, drückt den Boden fest, prägt sich gut ein, wo der Schatz liegt, und rennt mit Höchstgeschwindigkeit zur Stadt, um Erkundigungen über das Feld einzuziehen. Als ehrlicher, aufrechter Mann kann er nicht einfach mit dem Schatz davonlaufen. Er erfährt, dass der Acker zu verkaufen ist, geht heim, verkauft alles, was er besitzt, und kauft das Feld, in dem der Schatz liegt. Durch eine kurze Begebenheit hat sich das ganze Leben des Mannes verändert. Nun hat er einen vollkommen neuen Fixpunkt für all seine zukünftigen Entscheidungen.

Die Geschichte ist leicht zu übertragen. Der Fixpunkt, auf den sich Jesus hier bezieht, ist das Himmelreich. Er fordert dazu auf, das Leben angesichts der Ewigkeit zu leben.

Ich glaube, dass es Zeiten im Leben gibt, in denen Gott uns einen neuen Fixpunkt gibt. Er stellt uns Menschen oder Situationen in den Weg, die uns herausfordern darüber nachzudenken, ob wir unser Leben um seines Reiches willen leben wollen oder nicht. »Deshalb lassen wir uns von dem, was uns zur Zeit so sichtbar bedrängt, nicht ablenken, sondern wir richten unseren Blick auf Gottes neue Welt, auch wenn sie noch unsichtbar ist. Denn das Sichtbare vergeht, doch das Unsichtbare bleibt ewig.« (2. Korinther 4,18; Hfa)

Die Bibel spricht sehr deutlich von einem Tag, an dem wir vor Gott stehen werden: »Vergiss nicht, dass wir einmal alle vor Gott stehen werden und er über uns urteilt. Hat nicht schon Jesaja geschrieben: ›So wahr ich lebe, spricht der Herr: Vor mir werden alle niederknien, und alle werden bekennen, dass ich der Herr bin!‹ So wird also jeder für sich selbst vor Gott Rechenschaft ablegen müssen.« (Römer 14,10-12; Hfa)

Da Christus schon die Strafe für unsere Sünden am Kreuz getragen hat, ist beim Jüngsten Gericht für Gläubige nicht Strafe das Thema. Gott wird nach Dingen suchen, die er belohnen kann! Diese Belohnung wird für das Werk verliehen werden, das wir auf Erden getan haben. Deshalb ist die Art und Weise, wie wir leben und dienen, enorm wichtig.

Mein Freund Randy Alcorn hat einmal etwas gesagt, das mir half, diese Wahrheit besser zu verstehen: »Wer sein Leben so lebt, dass er sich dabei von seinen Schätzen entfernt, hat Grund zur Verzweiflung. Wer sein Leben so lebt, dass er auf seine Schätze zu lebt, hat Grund zur Freude.«

Viele von uns verwenden ihre Zeit und Energie dazu, Schätze auf Erden anzuhäufen. An jedem Tag, den wir leben, bewegen wir uns näher auf unseren Tod zu und somit weiter weg von unseren Schätzen. Jesus fordert uns heraus, diesen Prozess umzukehren – eine Kehrtwendung zu machen und unseren Fixpunkt zu ändern. Er möchte, dass wir uns umdrehen und uns dem Himmel zukehren und unsere Zeit und Energie ins Himmelreich investieren. Auf diese Weise werden wir uns ständig näher auf unsere Schätze zu bewegen, anstatt uns von ihnen zu entfernen.

Das ist eine gute Nachricht: So lange wir auf dieser Erde leben, haben wir einen Gott, der uns eine zweite Chance gibt. Wir haben heute die Möglichkeit, unsere Prioritäten zu ändern, die Richtung unseres Lebens zu korrigieren und unser Vermögen ins Himmelreich zu investieren. Der Mann im Gleichnis Jesu benutzte seinen gesunden Menschenverstand und handelte. Das gleiche tat William Booth.

Wenn Sie Jesus morgen begegnen würden, würde Ihr »Erinnerungskonto« dann ein Guthaben oder Schulden aufweisen? Beginnen Sie doch heute, auf Ihr Konto einzuzahlen!

Ihre Belohnung wird groß sein, heute und im Himmel – denn wenn es darum geht, Segen auszuteilen, zahlt Gott doppelten Lohn!

Ein Schlückchen Hoffnung und Humor

Erfahrung ist nie der Grund für unser Vertrauen; es ist der Zugang zu dem Einen, dem wir vertrauen.

Oswald Chambers

Visionen umfassen unermesslich weite Ausblicke, die über das Reich des Vorhersagbaren, des Sicheren und des Unerwarteten hinausgehen. *Charles R. Swindoll*

Christen, die die Welt auf den Kopf gestellt haben, waren Männer und Frauen mit einer Vision im Herzen und einer Bibel in der Hand. *T. B. Maston*

Der Herr schaut vom Himmel auf die Menschenkinder, dass er sehe, ob jemand klug sei und nach Gott frage.

Psalm 14,2

Ich, der Hohe und Erhabene, der ewige und heilige Gott, wohne in der Höhe, im Heiligtum. Doch ich wohne auch bei denen, die traurig und bedrückt sind. Ich gebe ihnen neuen Mut und erfülle sie wieder mit Hoffnung.

Jesaja 57,15; Hfa

»In den letzten Tagen«, spricht Gott, »will ich alle Menschen mit meinem Geist erfüllen. Eure Söhne und Töchter werden aus göttlicher Eingebung reden, eure jungen Männer werden Visionen haben und die alten Männer bedeutungsvolle Träume. (...) Wer dann den Namen des Herrn anruft, soll gerettet werden.«

Apostelgeschichte 2,17-18+21; Hfa

KAPITEL 22

Ein Engel auf Erden

Ehe sie rufen, will ich antworten.
Jesaja 65,24

Nachdem ich mein letztes Buch, *Cappuccino für die Seele*, geschrieben hatte, konnte ich mit Moderatoren von Fernseh- und Radio-Talkshows im ganzen Land reden, was mir viel Spaß gemacht hat. Das Schöne an Rundfunkinterviews ist, dass wir sie am Telefon machen. Da kann ich im Bademantel an meinem Küchentisch sitzen und an meinem Kaffee nippen, während wir in den frühen Morgenstunden auf Sendung sind. Radiosendungen an der Ostküste sind drei Stunden früher dran, d. h. wenn sie mich für ein Interview in New York um 8 Uhr einplanen, ist es bei uns erst 5 Uhr morgens. Meiner Meinung nach ist das eine unchristliche Zeit für eine Unterhaltung, bei der man sich klar und deutlich ausdrücken muss, aber so ist es nun einmal, deshalb danke ich Gott für – Espresso!

Gegen Ende der Werbekampagne nahm ich an einer Talkshow in Tennessee teil. Während des Interviews informierte die Moderatorin Beth die Zuhörer, dass ich auch *Leere Arme* geschrieben hatte. Nachdem das Interview zu Ende war, bat Beth mich, bis zu ihrer Pause in der Leitung zu bleiben. Ich wartete eine oder zwei Minuten und dann nahm sie das Telefon ab. »Pam, ich muss Ihnen einfach etwas erzählen, was Gott für mich getan hat!«, sagte sie und konnte sich kaum beherrschen.

»Großartig!«, sagte ich. »Was hat er getan?«

Sie erzählte mir von einer Begebenheit, die mich wieder einmal über die Güte und Gnade unseres liebenden himmlischen Vaters staunen ließ. Lassen Sie sich ermutigen, während Sie Beths Geschichte über die Freundlichkeit Gottes während einer dunklen Zeit des Kummers lesen.

Mein Mann Bill, unsere vier Söhne und ich erwarteten ungeduldig die Geburt des ersten Mädchens in unserer Familie, der wir den Namen Bethanna gegeben hatten. Es war der 8. Mai, Muttertag und der Geburtstag meines Sohnes Mark. Aber Bethanna starb wenige Minuten, bevor sie geboren wurde, weil die Nabelschnur sich eng um ihren Hals gewickelt hatte und ihr das Leben nahm, bevor sie ihren ersten Atemzug tun konnte.

Wir alle trauerten sehr. Ich erinnere mich, wie ich im Krankenzimmer lag und betete, dass Gott diesen herzzerreißenden Schmerz irgendwie zum Guten verwenden würde. *Was nun, Herr?*, flüsterte ich unter Tränen.

Ich wurde an ein Wort der Schrift erinnert: »Es ist dir gesagt, Mensch, was gut ist und was der Herr von dir fordert, nämlich Gottes Wort halten und Liebe üben und demütig sein vor deinem Gott« (Micha 6,8). Es war ein Vers, den die Jungen und ich vor einer Weile auswendig gelernt hatten. Wir ließen diesen Vers auf Bethannas Grabstein eingravieren.

Während des darauf folgenden Jahres hatte ich das Gefühl, dass Gott mich trug. Ich schöpfte Kraft daraus, dass ich mich an seine Güte uns gegenüber in der Vergangenheit erinnerte, und aus seinen Liebesbriefen in der Bibel.

Auch meine Freunde und Verwandten waren liebevoll und aufmerksam, beteten für uns und halfen uns nach Kräften.

Aber als sich der erste Jahrestag von Bethannas Geburtstag und Tod näherte, begann ich die Fassung zu verlieren. Ich war aufgewühlt, zerstreut und nicht in der Lage, mich lange auf irgendetwas zu konzentrieren. Ich vergaß Verabredungen und lief benommen herum. Ich erwähnte meine Not gegenüber einer Freundin, die Psychologin ist, und sie sagte: »Beth, das ist normal. Du hast den so genannten Jahrestagskummer.«

Sie hatte Recht. Nachdem Bethannas Geburtstag gekommen und gegangen war, kam ich wieder zur Ruhe und fühlte mich besser.

Fast ein Jahr nach dieser beunruhigenden Zeit begann ich meine Freunde und Verwandte zu bitten, für mich zu beten. Ich wollte nicht noch einmal so leiden wie im Jahr zuvor. Ich hatte schließlich für einen Mann und vier Söhne zu sorgen und war darauf angewiesen, dass ich ausreichend Kraft hatte.

Am zweiten Jahrestag von Bethannas Tod war ich sehr mit meinen Jungen beschäftigt. Ich hatte die Schule meiner Zwillinge besucht, wo neue Projekte vorgestellt wurden, und Kekse bei Marks Schulklasse abgeliefert, damit die Kinder seinen Geburtstag mit ihm feiern konnten. Als Nächstes hetzte ich zu einem Laden, um Partyzubehör zu kaufen.

Nachdem ich hatte, was ich brauchte, stellte ich mich in einer Schlange an, um für Mark ein paar mit Helium gefüllte Geburtstagsluftballons zu kaufen. Vor mir stand eine wunderschöne junge Frau zusammen mit ihrer Mutter. Als ich zuerst auf diese hübsche junge Frau schaute, dachte ich: *Sie ist so hinreißend; sie sieht wie ein Filmstar aus.* Ich schätzte, dass sie Anfang dreißig war.

Während sie die Waren auf das Band legte, schaute sie zu mir auf, lächelte und kramte dann das Geld für die Kassiererin aus ihrem Portemonnaie. Ich rückte auf, um als Nächste für die Ballons zu zahlen, und bemerkte dann, dass die junge Frau am Ausgang stand und mich anstarrte. Ich fand das merkwürdig, aber ich lächelte. Sie lächelte zurück, nickte und verließ den Laden.

Als ich die Tür zu meinem Auto öffnete, bemerkte ich, dass ein anderer Wagen quer hinter mir parkte und mich blockierte.

Ich ging zum Heck meines Autos, um zu sehen, was los war, und da kam mir die gleiche hübsche Frau entgegen. Sie war gerade aus ihrem Auto gestiegen und wollte offensichtlich meine Aufmerksamkeit auf sich lenken. »Ich wollte eigentlich nicht anhalten, um mit Ihnen zu reden, aber meine Mutter hat mich dazu ermutigt«, sagte sie. »Ich habe den Fisch-Aufkleber auf Ihrer Heckscheibe gesehen. Sind Sie Christin?«

»Ja«, antwortete ich und war neugierig, wohin diese Unterhaltung führen würde.

»Nun, Sie denken vielleicht, dass ich verrückt bin, wenn ich Ihnen das erzähle«, begann sie nervös.

»Nein, keine Sorge«, versicherte ich ihr. »Reden Sie ruhig weiter!«

»Als ich Sie im Geschäft sah, wusste ich einfach, dass Sie die Person sind, für die ich heute Morgen gebetet habe. Ich habe Ihr Gesicht vor mir gesehen, als ich betete, und ich habe den ganzen Tag für Sie gebetet.«

Mir blieb der Mund offen stehen. Ich war platt. Hier stand eine mir vollkommen fremde Frau, die mir erzählte, dass es ihr aufs Herz gelegt worden war, für mich zu beten, und dass der Geist Gottes ihr mein Gesicht gezeigt hatte, während sie betete. Es war nicht gerade die Einkaufserfahrung, die man jeden Tag macht.

Wir unterhielten uns kurz. Ich dankte der jungen Frau für ihre Hilfe und Aufmerksamkeit und sie ging zurück zu ihrem Wagen, wo ihre Mutter geduldig wartete. »Wie heißen Sie?«, rief ich.

»Lana!«, schrie sie zurück. »Wie der Filmstar, Lana Turner, wissen Sie.«

Ich kicherte und dachte: *Meine Liebe, du müsstest eine Hauptrolle in* Ein Engel auf Erden *spielen!*

Als Beth ihre Geschichte beendete, lachte ich voller Staunen mit ihr. Und ich war neugierig, wie der Zwischenfall ihr geholfen hatte, mit ihrem Verlust fertig zu werden.

Stellen Sie sich vor, Beth erinnerte sich erst spät an jenem Abend daran, dass dies der Jahrestag von Bethannas Tod war. Aber als sie sich daran erinnerte, erkannte sie aufgrund der Ereignisse des Tages, dass Gott sich dessen wohl bewusst war, dass er diesen Tag nicht vergessen hatte. Ihm lag so viel an Beth, dass er einer völlig Fremden klar machte, dass sie an Beths schwierigstem Tag ihres Lebens für sie beten solle. Dann lenkte er die Geschehnisse so, dass sich ihre Wege bei ganz normalen Besorgungen in einem Geschäft im Zentrum der Stadt kreuzten. Und als wäre das nicht genug gewesen wäre, gab er einer schüchternen jungen Frau den Mut, einer völlig Fremden etwas nicht gerade Alltägliches mitzuteilen.

Ja, Gott ist wirklich ein Gott der Liebe, über dessen Treue man nur staunen kann. Und seine Fürsorge für Sie ist ebenso groß. Halten Sie nach seiner überraschenden Gegenwart in Ihrem eigenen Alltag Ausschau. Ich garantiere Ihnen: Er ist da! Und er liebt Sie!

Ein Schlückchen Hoffnung und Humor

Unsere kleine Anneliese
ging zur Tante zu Besuch,
um dort das Geschirr zu spülen
mit dem Küchentuch;
wollte alles sauber machen,
bis das Häuschen rein und nett,
doch als sie die Tante suchte,
war die noch im Bett.
Anneliese klopft ans Fenster,
klopft auch an das große Tor,
bis die Hände ganz schön schmerzten,
stand sie so davor.
»Komm herein!«, rief da die Tante,
»hab dich gar nicht recht gehört,
weil mein Wecker ausgestellt war,
dass er mich nicht stört.«
Plötzlich blies ein kalter Windstoß
durch die Bäume mit Gebraus.
»Armes Kind, du wirst erfrieren –
komm nur schnell ins Haus!«
Anneliese stand mit Staunen,
hätte fast es nicht geglaubt,
als der Wind das Nachthemd wehte
über Tantchens Haupt.
Tantchen schien es nicht zu kümmern,
doch ganz plötzlich wurd' ihr klar,
dass sie unter ihrem Nachthemd
völlig nackig war!

Doch sie ließ sich nicht beirren,
gab nichts auf den guten Ruf
und stand dort in ihrer Türe,
wie der Herr sie schuf.
Nur die alte Katze maunzte
und schlich langsam durch den Schnee
und rief dann zur Ziege rüber:
»Siehst du, was ich seh?«
Doch das Zicklein sah die Tante,
kriegte einen Riesenschreck,
und vor lauter Panik lief es
mir nichts, dir nichts weg.
Anneliese machte sauber,
putzte Küche und WC,
währenddessen machte Tantchen
fröhlich summend Tee.
Die Moral von der Geschichte,
ist, mein Kind, denk immer dran:
Gehst zur Tante du, dann zieh dir
Unterwäsche an![7]

John Gordon

KAPITEL 23

Lektionen aus der Wüste

Wer ist so klug, dass er die Zahl der Wolken kennt? Wer schüttet ihr Wasser auf die Erde nieder, wenn dort der Boden hart geworden ist wie Eisen und die Schollen aneinander kleben?
Hiob 38,37-38; Hfa

Vor einiger Zeit schickte mir Dr. Pamela Reeve, eine gute Freundin von mir, die Kopie eines Manuskripts, das sie gerade für die Veröffentlichung bearbeitete. Der Titel, *Wüsten des Herzens,* fesselte sofort meine Aufmerksamkeit. Ich dachte an einige der Wüsten, die ich im Laufe meines Lebens durchquert habe. Oh, ich spreche nicht über meine Urlaubsreisen in die gebirgige Wüste von Oregon oder von Arizonas pittoresker Painted Desert. Ich spreche von den Wüstenerfahrungen meiner Seele – von Zeiten, in denen ich mich durstig, ausgetrocknet, ausgedörrt und kraftlos fühlte.

Wenn Sie ein registriertes Mitglied der menschlichen Spezies sind, bin ich mir sicher, dass Sie selbst schon durch die eine oder andere Wüste gewandert sind. Sie hatten wahrscheinlich auch Zeiten, in denen Ihnen die rauen Winde des Lebens ins Gesicht peitschten und sie sich fragten, ob Sie da je wieder heil herauskommen würden. Vielleicht haben Sie sogar in diesem Moment das Gefühl, dass Sie ziellos in einer Wüste herumwandern und sich so viel Sand um Sie auftürmt, dass Sie noch nicht einmal über Ihre eigene Nasenspitze hinaus sehen können.

Genau so erging es meiner Freundin Pam an einem Nachmittag vor einigen Jahren. Doch Gott schüttete mit großer Macht Wasser vom Himmel, überflutete die vertrockneten Bereiche ihrer Seele mit seinen Strömen des Lebens und stillte ihren Durst. Lesen Sie weiter und entdecken Sie in Pams Geschichte Gottes unendliche Liebe.

Eine schwer depressive Frau war zu mir gekommen, um bei mir Rat und Hilfe zu suchen. Sie war auf dem Rückweg von einer Verpflichtung in Asien und würde eine Woche bei mir verbringen, bevor sie nach Hause in einen anderen Teil des Landes zurückkehren würde. Ihre Freunde und Verwandten waren in großer Sorge. Bestürzt. Sie hofften, dass ich irgendwie in der Lage sein würde ihr zu helfen, Klarheit in die großen Probleme ihres Lebens zu bringen.

Ich bemühte mich sehr, genau dies zu tun. Jeden Augenblick, in dem ich nicht arbeitete, verbrachte ich mit ihr. Ich las mit ihr in der Bibel und teilte ihr jede Glaubenserfahrung mit, die ich kannte. Ich hörte ihr stundenlang zu. Unsere Gespräche gingen bis in die Nacht hinein. Am Ende der Woche ging es ihr jedoch nicht besser. Es schien ihr sogar noch schlechter zu gehen. Ihre Depression hatte sich vertieft. Ihre Verzweiflung war wie ein bodenloser Spalt, der auf dem vor ihr liegenden Weg klaffte. In all den Stunden mit ihr hatte ich absolut nichts erreicht.

An dem Morgen, an dem sie abreisen sollte, wachte ich mit einem Gefühl großer Schwere auf. *Toll, was du erreicht hast,* sagte ich zu mir selbst. *Du hast dieser armen Frau keinen Deut weitergeholfen. Sie verlässt dein Zuhause mit einem traurigeren Herzen, als sie es hatte, als sie ankam. Sei realistisch, Pamela Reeve … wann hast du je irgendjemandem geholfen? Du bist nutzlos – und wirst wahrscheinlich immer nutzlos bleiben. Du bist wertlos.*

Aus Gewohnheit, nicht aus Verlangen nahm ich mein Andachtsbuch vom Nachttisch. Die erste Bibelstelle für jenen Tag durchbrach meine trübe Stimmung wie die Sonne die sich teilenden Wolken. »Wiederum gleicht das Himmelreich einem Kaufmann, der gute Perlen suchte, und als er eine kostbare Perle fand, ging er hin und verkaufte alles, was er hatte, und kaufte sie« (Matthäus 13,45-46). Und in diesem Augenblick sprach der Herr zu mir: »Hör mir zu, meine Tochter. Du bist diese Perle für mich. Eine kostbare Perle.«

Ich schloss das Andachtsbuch und damit auch die Tür zu meinem Herzen, ich wollte nicht glauben, was er sagte. »Ich? Eine wertvolle Perle? Eher ein gewöhnlicher Stein aus dem Fluss. Ich habe überhaupt keinen Wert. Ich bin wertlos.« (Es war nicht das erste Mal, dass ich so etwas sagte.)

Am frühen Morgen brachte ich meinen Gast zum Flughafen. Bei der Fahrt waren wir beide schweigsam. Ich wusste nicht mehr, was ich sagen sollte, und fühlte mich als totale Versagerin. *Sie kam zu mir in der Hoffnung auf Hilfe. Sie brauchte jemanden. Und ich schicke sie so leer weg, wie sie vor einer Woche gekommen ist.* Was hatte sie bei mir zu Hause gefunden? Eine Oase – oder noch mehr Wüste?

Als ich wieder nach Hause kam, fand ich ein kleines, hübsch verpacktes Päckchen, das mein Gast für mich auf den Esstisch gelegt hatte. *Das hätte sie nicht tun sollen!*, sagte ich mir. Das habe ich nun wirklich nicht verdient! Ich entfernte das Geschenkpapier und öffnete die kleine Schachtel.

Es war ein Ring mit einer Perle – der schönste, den ich je gesehen hatte. Und er passte mir wie angegossen.

Als ich den Ring an meinen Finger steckte, sprach der Herr wieder zu mir. *Sag, was du willst. Glaub, was du möchtest. Schließ mich aus, wenn du es kannst. Mein Geschenk kann man nicht verdienen, sondern nur dankbar annehmen. Und ich sage dir noch einmal: Du bist eine wertvolle Perle in meinen Augen. Du bist mein geliebtes Kind.*

Sein geliebtes Kind! Dieses Mal nahm ich die Worte begierig in mich auf. Dieses Mal ließ ich seine Worte in den ausgetrockneten Boden meiner Seele dringen. Langsam begann ein erfrischendes Wasser aus der tiefen Quelle einer Oase hervorzusprudeln. Viele Jahre trug ich den Perlenring Tag und Nacht. Er bleibt mein kostbarster Besitz. Jedes Mal, wenn ich ihn anschaue, werde ich daran erinnert: »Du bist Gottes geliebtes Kind, eine kostbare Perle. Er gab sein Leben, um dich zu erkaufen.«

Wenn Gefühle der Wertlosigkeit wie Nachmittagsschatten über meine Seele kriechen, schaue ich mir die Perle an und erinnere mich daran: *Du bist geliebt. Ja – du!*

In Zeit und Ewigkeit gibt es nichts Wunderbareres als die Gewissheit, dass Sie wirklich und vollkommen geliebt werden. Es ist köstliches, kühles Wasser für den tiefsten Durst Ihres Herzens. Es ist die Quelle, die hervorsprudelt, um Leben in Ihre Wüste zu bringen. Das unerschöpfliche Bewässerungssystem in Ihnen ist die große Liebe, die der Herr für Sie hat, wie auch immer Sie sein mögen. Er ist eine sich nie ändernde, nie versiegende Quelle der Liebe.[8]

Ein Schlückchen Hoffnung und Humor

Der erschöpfte Wanderer

Der erschöpfte Wanderer brach auf der steinigen Straße zusammen. Er ließ den Kopf mutlos hängen, vergrub das Gesicht in den Händen und rief: »Herr, ich kann einfach nicht mehr weiter gehen. Ich bin zu müde. Ich gebe auf!«

Jesus kniete sich neben dem Erschöpften Wanderer nieder und legte ihm sanft die Hand auf die Schulter.

»Schau!«, ermutigte Jesus ihn und zeigte auf den Weg genau über ihnen. »Er ist nicht so steil. Er ist nicht so steinig und hat kleinere Schlaglöcher. Wenn du weiter in die Ferne schaust, kannst du sehen, dass der Weg eben und von hohen schattigen Bäumen umgeben ist, dass es plätschernde Bäche und Blumen in leuchtenden Farben gibt. Nach der nächsten Biegung gibt es einen schönen Platz, wo wir anhalten und uns ausruhen können. Ich weiß das – ich bin diesen Weg schon gegangen.«

Der erschöpfte Wanderer schüttelte gequält den Kopf und seufzte: »Ich kann keinen Schritt weiter gehen. Ich bin mit meiner Kraft am Ende. Ich kann einfach nicht. Es hat keinen Zweck!«

»Aber sieh doch!«, sagte Jesus und zeigte auf den Weg, der hinter ihnen lag. Der Weg, den sie zurückgelegt hatten, war gefährlich steil, schwere, scharfkantige Felsbrocken waren darauf verstreut, die breiter waren, als ein Mann groß ist. »Wir sind so weit gekommen. Gib jetzt nicht auf. Jetzt aufzugeben wäre so, als wenn du ein Haus bauen und es dann abbrennen lassen würdest.«

Der erschöpfte Wanderer begann zu weinen. »Ich bin einfach zu müde. Ich kann nicht.«

Jesus lächelte den Erschöpften Wanderer an, legte seine Hände zärtlich um sein Gesicht und hob es zu dem seinen auf. Jesu Augen strahlten eine Wärme und Liebe aus, die sich wie Sonnenstrahlen über den Wanderer ergossen. Mit tiefem, grenzenlosem Mitgefühl versicherte Jesus ihm: »Du musst es nicht allein tun. Stütze dich auf mich. Ich werde dir helfen.«

Die Tränen des erschöpften Wanderers versiegten langsam. Er schaute hoffnungsvoll in Jesu Augen und mit dem letzten Rest Kraft, der in ihm war, streckte er seine Arme nach Jesus aus. Jesus ergriff seine Hände, zog ihn auf die Füße und legte seinen Arm fest um die Hüfte des Wanderers. Jedes Mal, wenn er stolperte, stützte Jesus ihn. Jedes Mal, wenn er vom Kurs abkam, führte Jesus ihn zurück auf die Mitte des Weges. Als die Sonne auf sie hernieder brannte und der Mund des erschöpften Wanderers ganz trocken war, gab Jesus ihm frisches, kühles Wasser.

»Danke, Herr. Ich könnte nichts davon ohne dich tun«, sagte der Erschöpfte Wanderer und wischte sich mit einem leichten Lächeln den Mund ab.

Jesus lachte vor Freude. »Das tue ich am liebsten, mein Kind. Ich bin gesandt, um dir zu helfen, deinen Weg nach Hause zu finden. Wir gehen es langsam an. Es wird wahrscheinlich unerwartete Umwege geben, aber solange du in meiner Nähe bleibst, werden wir ankommen. Und dies, mein lieber Freund, ist ein Versprechen, das nicht gebrochen werden kann.«[9]

Mandy Gordon

Fragen für den Kaffeeklatsch

Die folgenden Anregungen sind für Frauen gedacht, die eine schöne heiße Stärkung gebrauchen können – ob in Form von anregenden Gesprächen oder in Form von anregendem Espresso! In Gruppen von zwei bis sechs Frauen, denen man sich anvertrauen kann, entstehen oft gute Diskussionen und persönliches Wachstum. Zu wissen, dass wir nicht allein dastehen, und zu hören, wie andere mit Schwierigkeiten fertig werden, gibt neue Kraft.

Ich möchte Ihnen Mut machen, diese Fragen als Ausgangspunkt für den Aufbau Ihrer Beziehungen und der Gemeinschaft untereinander zu benutzen. Seien Sie ganz Sie selbst, wenn Sie zusammenkommen, und sehen Sie, wie Gott sich in wunderbarer Weise offenbart und Ihre Bedürfnisse erfüllt. Jesus sagte: »Wo zwei oder drei versammelt sind in meinem Namen, da bin ich mitten unter ihnen.«

Zu Kapitel 1: Sternstunden

1. Wie wurde in Ihrer Ursprungsfamilie normalerweise eine ungewöhnliche Wendung der Ereignisse erklärt? Wurde es als Zufall betrachtet? War es göttliche Fügung? Oder gab es eine ganz andere Erklärung?

2. Erzählen Sie den anderen Teilnehmerinnen von einer Zeit in Ihrem Leben, als Sie über eine ungewöhnliche Wendung der Ereignisse gestaunt haben. Vielleicht erinnern Sie sich an eine bestimmte Gebetserhörung oder die Erfüllung eines sehnlichen Wunsches.

Zu Kapitel 2: Etwas Zucker gefällig?

1. Bringen Sie Ihre Freundinnen zum Lachen, indem Sie ihnen eine lustige Begebenheit erzählen, die Ihnen oder jemandem, den Sie kennen, passiert ist.
2. Was wollen Sie diese Woche tun, um ein bisschen mehr Spaß in Ihr tägliches Leben zu bringen? Achten Sie darauf, dass Ihr Ziel konkret und messbar ist!

Zu Kapitel 3: Das Risiko lohnt sich

1. Ein Schlüsselgedanke in diesem Kapitel ist, dass gute Beziehungen nicht in der Abwesenheit von Konflikten sondern in der Anwesenheit eines versöhnlichen Geistes wachsen. Wie hat sich dieses Prinzip schon in Ihrem Leben ausgewirkt?
2. Haben Sie beim Lesen dieser Geschichte gespürt, dass der Heilige Geist Ihnen eine Person in Ihrem Einflussbereich ins Gedächtnis gerufen hat? Ermuntert er Sie, auf die Person zuzugehen? Sprechen Sie darüber mit den anderen Teilnehmerinnen.

Zu Kapitel 4: Vom Fremden zum Freund

1. Erzählen Sie den anderen Teilnehmerinnen über eine Freundschaft, die Ihnen besonders wertvoll ist – wie Sie sich kennen gelernt haben, was dieser Mensch Ihnen bedeutet und wie er ein Segen für Ihr Leben wurde.
2. Gott hat Mitgefühl mit uns und es verlangt Ihn danach, dass wir mit anderen mitfühlen. Gibt es jemanden, mit dem Sie in dieser Woche einen kräftigen Schluck Mitgefühl teilen können? Wie und wann werden Sie es tun?

Zu Kapitel 5: Klopapier vom Himmel

1. Gab es eine Gelegenheit, bei der Sie Gott um etwas ganz Konkretes gebeten haben? Erzählen Sie, was daraufhin geschehen ist.
2. Welche konkrete Not haben Sie heute? Teilen Sie diese Not den anderen Teilnehmerinnen mit und bitten Sie sie um ihre Fürbitte.

Zu Kapitel 6: Wenn die Luft raus ist

1. Wie füllen Sie Ihre Energiereserven wieder auf, wenn all Ihre Energie aufgebraucht ist?
2. Gibt es jemanden, der etwas für Sie getan hat und dem Sie nun ein paar ermutigende Worte zukommen lassen könnten? Ein Brief wie der von Bert könnte seinen Tag verschönern. Wem werden Sie schreiben und wann werden Sie den Brief zur Post bringen?

Zu Kapitel 7: Wellenreiter

1. Können Sie sich an eine Zeit in Ihrem Leben erinnern, in der Sie durch Ihre innere Unruhe eine sich anbahnende Veränderung gespürt haben? Erzählen Sie den anderen Teilnehmerinnen die Geschichte.
2. Haben Sie je wie Dr. Steve gebetet: »Herr, wenn du möchtest, dass ich etwas Neues für dich tun soll, zeig es mir, dann werde ich es tun?« Wenn ja, was ist seitdem passiert? Wenn nicht, würden Sie in Erwägung ziehen, dieses Gebet heute zu sprechen? Warum? Warum nicht?

Zu Kapitel 8: Große Pläne für einen kleinen Jungen

1. Können Sie sich an eine Zeit in Ihrem Leben erinnern, in der es schwierig war, am Glauben festzuhalten? Beschreiben Sie den anderen Teilnehmerinnen, wie es Ihnen ging.
2. Was hat Ihnen geholfen, diese schwierige Zeit zu ertragen, und was haben Sie in dieser dunklen Zeit gelernt?

Zu Kapitel 9: Aprilscherze

1. Wie wäre es, wenn Sie heute einen Ihrer Lieben zum Lachen brächten, indem Sie einen harmlosen Scherz planen? Vielleicht können Sie gemeinsam ein paar Ideen zusammentragen.
2. Denken Sie an etwas Konkretes, durch das Sie aus dem heutigen Tag ein paar mehr Tropfen Freude pressen können. Wie sieht Ihr Plan aus?

Zu Kapitel 10: Ein Engel für jedes Kind

1. Andrews Geschichte unterstreicht, dass Gott aufmerksam auf unsere Bedürfnisse achtet. Welches Anliegen, das heute schwer auf Ihrem Herzen lastet, braucht Gottes Aufmerksamkeit? Erzählen Sie davon und bitten Sie die anderen Teilnehmerinnen, für Sie zu beten.
2. Andrews Ziel war es, ein mächtiger Mann Gottes zu werden. Welche Schritte können Sie unternehmen, um in Ihrem Glauben stärker zu werden?

Zu Kapitel 11: Einladung zum Gebet

1. Welche Situationen bringen Sie normalerweise zum Beten? Was hält Sie vom Beten ab?
2. Teilen Sie den anderen Teilnehmerinnen ein Gebetsanliegen mit und nehmen Sie sich etwas Zeit, um füreinander zu beten, bevor Sie auseinander gehen.

Zu Kapitel 12: Der große Graben

1. Haben Sie manchmal mit dem Pharisäer-Syndrom zu kämpfen? Wann schleicht es sich am ehesten ein und schafft es, Sie unterzukriegen?
2. Erzählen Sie von einer Zeit in einer Beziehung zu einem Menschen, in der Sie einander vergeben haben. Wie hat sich das ausgewirkt?

Zu Kapitel 13: Feiertage

1. Hatten Sie schon einmal so richtig haarsträubende Feiertage? Erzählen Sie den anderen Teilnehmerinnen, was passiert ist.
2. Wie können Sie Stress reduzieren und mehr Raum für Ruhe und Spaß während der Feiertage schaffen? Tauschen Sie Methoden aus, die funktioniert haben, und machen Sie zusammen eine gemeinsame Liste. Benutzen Sie dieses Blatt mit Tipps, wenn die nächsten Feiertage auf Sie zukommen.

Zu Kapitel 14: Die Schrecken eines Heimwerkers

1. In welchen Bereichen Ihres Lebens sind Sie von fremder Hilfe unabhängig?
2. Welchen Anforderungen stehen Sie gegenüber, die Ihre Energie aufgebraucht haben? Beten Sie zusammen und bitten Gott einzuspringen und Ihnen zu helfen.

Zu Kapitel 15: Das Wunder in der dritten Reihe

1. Es gab Zeiten, in denen sich Charonne der Aufgabe, Jennifer zu lieben, nicht gewachsen fühlte. Gibt es jemanden in Ihrem Leben, bei dem es Ihnen genauso geht? Sprechen Sie über die Art Ihres Problems, wahren Sie aber Diskretion!
2. Eines der Geheimnisse dahinter, dass Charonne einen heilenden Einfluss auf Jennifers Leben hatte, war, dass sie täglich für das kleine Mädchen betete. Für wen

würden Sie diese Woche gerne jeden Tag beten? Sie könnten die Anfangsbuchstaben dieser Person als Erinnerung zum Beten auf einer Karte in Ihrer Brieftasche oder am Badezimmerspiegel anbringen.

Zu Kapitel 16: Ein Traum wird wahr

1. Gott interessiert sich für Ihre Träume. Erzählen Sie den anderen Teilnehmerinnen von einem Traum, den Sie für Ihr Leben haben. Dann beten Sie zusammen für die Erfüllung dieses Traums.
2. Welche Träume haben sich in Ihrem Leben bereits erfüllt? Reden Sie darüber in der Gruppe.

Zu Kapitel 17: Darf ich nachschenken?

1. Erleben Sie wie ich manchmal Augenblicke der Erschöpfung, in denen Sie sich fragen, ob Sie überhaupt irgendjemandem etwas Gutes tun? Wie gehen Sie normalerweise mit solchen quälenden Gedanken um?
2. Welche Situationen haben in jüngster Zeit Löcher in den Boden Ihrer Tasse geschossen?

Zu Kapitel 18: Flohmarkt-Schätze

1. Bitten Sie Gott, Ihnen einen Menschen zu zeigen, der durch Sie von seiner Liebe und Fürsorge angerührt werden soll. Wer kommt Ihnen in den Sinn?
2. Wie wollen Sie Ihr Vorhaben in die Tat umsetzen?

Zu Kapitel 19: Jugendliche Eskapaden

1. Auf welche Ziele »schießen« Sie in der gegenwärtigen Phase Ihres Lebens? Nennen Sie eines.
2. In Sprüche 12,14 heißt es: »Dem Menschen wird vergolten nach den Taten seiner Hände.« Wie hat sich das in Ihrem Leben bewahrheitet?

Zu Kapitel 20: Gott spricht in dein Schweigen

1. Mit welchem Teil dieser Geschichte können Sie sich am besten identifizieren?
2. Können Sie den anderen Teilnehmerinnen von einer Zeit in Ihrem Leben erzählen, in der Sie gespürt haben, dass der Herr Sie in eine bestimmt Richtung geführt hat?

Zu Kapitel 21: Eine zweite Chance

1. Welche Gedanken sind Ihnen in Bezug auf Ihr eigenes Leben gekommen, nachdem Sie William Booths Geschichte gelesen hatten?
2. Was könnten Sie in dieser Woche tun, um in Gottes Reich zu investieren?

Zu Kapitel 22: Ein Engel auf Erden

1. Haben Sie oder jemand, der Ihnen nahe steht, je »Jahrestagskummer« erfahren? Was hat Ihnen oder der Ihnen nahe stehenden Person geholfen, damit umzugehen?

2. Lana brauchte Mut, um Beth mitzuteilen, was sie dachte. Bitten Sie doch den Herrn, Ihnen die Kraft zu geben, diese Woche jemanden zu ermutigen. Dann achten Sie aufmerksam auf die Menschen, die er Ihnen über den Weg schickt, und sprechen Sie sie auf jeden Fall an.

Zu Kapitel 23: Lektionen aus der Wüste

1. Reden Sie über eine Wüstenerfahrung in Ihrem Leben. Welche Umstände haben Sie in die Wüste geführt?
2. Was haben Sie in dieser Zeit gelernt, das für einen erschöpften Wanderer, der sich gerade in der Wüste befindet, hilfreich sein könnte?

QUELLENANGABEN

[1] William Johnson, »And Smile, Smile, Smile«, in: *Sports Illustrated,* 4. Juni 1973, S. 78.

[2] Nach Clark Cothern, *Detours,* Sisters, Oregon 1999, S. 127–136.

[3] M. Scott Peck, *Der wunderbare Weg,* München 1986, S. 16.

[4] Max Lucado, »Classic and Contemporary Excerpts«, in: *Christianity Today,* 8. Dezember 1997, S. 53.

[5] Henri Nouwen, *Nachts bricht der Tag an. Tagebuch eines geistlichen Lebens*, Freiburg 1989, S. 64–66.

[6] Diese Geschichte wurde adaptiert von einer Kleinschrift, die im frühen 20. Jahrhundert von Life Messengers, Seattle, Washington, veröffentlicht wurde.

[7] Gedicht von John Gordon, 1995, Übertragung ins Deutsche von Dorothee Dziewas.

[8] Pamela Reeve, *Deserts of the Heart*, Sisters, Oregon 2001, S. 110–113.

[9] Mandy Gordon, »The Weary Traveler«, Copyright 2000. Mit freundlicher Genehmigung des Autors.